英語で仕事を することになったら 読む本

初めてでも成功するための 25のQ&A

マヤ・バーダマン 著

ジェームス・M・バーダマン 監修

アルク

はじめに

「仕事で英語を使うことになった！」

そのような方の中に、以下のような悩みをお持ちの方もいらっしゃるのではないでしょうか。
・何から勉強を始めていいか分からない
・必要な英語レベルが分からない
・日本と英語圏のビジネス文化の違いを全く把握していない
・とにかく不安！

英語を使う部署へ異動になった、海外赴任の辞令が出た、外国人の同僚や上司と仕事をすることになった、就職・転職で外資系企業に採用になったなど、状況はさまざまかと思います。

仕事上の理由で英語学習の必要に迫られている方が、分厚い「ビジネス英語」の本を手にしたとしても、最初からその内容全てが必要になるというわけではなく、すぐにマスターするのも難しく、また、その量に圧倒されてしまうと思います。

そこで、「まずこれを読んでおけば最初に必要な知識が得られ、不安が和らぐ」本があれば、そのような方々が少しでも救われるのではないか。「ビジネス英語を網羅的にカバーするフレーズ集」ではなく、実際に任務に就いたら直面しそうな疑問や悩みを先取りし、自己紹介から雑談まで、すぐに必要になるエッセンシャルなフレーズを予習できる本、いわば「心構えと英語の予習をすることで着任前の不安を軽くできる本」を目指しました。

担当編集者さんのご協力により、英語でのビジネス経験者の方々に、「仕事のスタート前に知っておきたかったこと」「着任当初に感じた疑問」「今も抱える英語の悩み」「業務をスムーズに進めるために頻繁に使ったフレーズ」などについてアンケートを実施いただきました。

知っておくだけで改善できる悩みから、時間をかけて力をつけていく必要がある悩

みまでさまざまでしたが、本書では、読者の方々がそれぞれ、現時点で実行できるような最適解を、厳選して提示できるよう努めました。初めて英語の環境に入った日本人のビジネスパーソンが共通してぶち当たった「英語とコミュニケーションの悩み」に答える —— そのような内容になっていきました。本書が、皆さまの悩みの解決までの道筋を示す処方箋のような役割を果たせればという想いで執筆しました。

25のQと全く同じ悩みをお持ちでない方にとっても、読み進めながら何かしらのヒントになりますことを願っております。先輩たちのリアルなエピソードは情報としても大変貴重で、現場をイメージしたり、起こりがちなつまずきからヒントを得たりするのにお役立ていただけるのではないかと思います。

分厚いフレーズ集とは異なり、薄いと感じられるかもしれません。しかし本書では、情報やフレーズを慎重に厳選し、応用できるようにしています。また、英語でコミュニケーションを取る際のマインドセットとマナーも併せてご紹介しています。負担なく気軽に読めて、さらに携帯しやすく仕事場にも持って行きたくなるような本を目指しました。

皆さまが自信を持って、自分らしく英語で表現できますように。そして異なる言語と文化の中でも良好な人間関係を構築し、現場で最大限の力を発揮して活躍されますよう、本書が一助となりますことを心より願っております。

Best wishes in the next step of your career journey!

マヤ・バーダマン

Contents

本書の構成

・　　・　　・　　・　　・　　・　　・　　・　　・　　・　　・　　・　　・　　・

本書は、初めて英語を使う任務に就くときの疑問・悩み全25Q に著者が答える形式で進んでいきます。

Chapter 0 　英語で仕事・着任前の心構え４つ

英語圏の方と英語でビジネスをするときに大切にしたい心構えについて記しています。全てのA（回答）の土台となる根本的な考え方です。

Chapters 1-5 　Q & A

海外駐在や、英語圏の方とのビジネス経験がある方から、初めて英語で仕事をしたときに感じた疑問・悩みについてアンケートをとり、よくある25問を厳選しました。これから任務に臨む方にとって、この先に待ち受けているかもしれない悩みをあらかじめ知ることができます。

英文の音声（MP3）を収録しています。現場でフレーズが口をついて出てくるよう、シャドーイングなど、話してアウトプットする練習をおすすめします。

各Qに関連する表現のバリエーションを紹介しています。

著者が考える、Qへの最適解を提示しています。多用するであろうフレーズや、英語圏のビジネス文化について予習することができ、知識が転ばぬ先の杖となります。新しい業務をよりスムーズにスタートできる助けになるはずです。

巻末 **本当によく使った基本フレーズ**

Q＆Aの中に収まりきらなかった、著者が英語ビジネスで「よく使った！」
という表現の使い方を解説しています。

フレーズを列挙するだけで
なく、ニュアンスの違いや
使い方を分かりやすく解説
しています。

Columns **先輩たちの体験談**

アンケートに回答した先輩たちが実際に仕
事で体験した、さまざまな英語＆異文化
エピソードとアドバイスを紹介しています。

エピソードにまつわる周辺
知識も紹介しています。

本書の表記について

本書は主にアメリカ英語の表
記・音声を採用しています。和
訳は、意訳です。その他、英文
中の記号については下記を参照
してください。

[ ]　状況に合わせてカスタマ
　　　イズすべき部分

( )　( )内の語句を付け足し
　　　てもよい。

/　　/の前後で入れ替え可能。
　　　入れ替え範囲が分かりに
　　　くい場合は [/] 表記。

ダウンロード音声について

About the MP3 Files

本文中、マークがある部分は英語音声を聞くことができます（和訳は入っていません）。音声（MP3ファイル形式／zip 圧縮済み）は、以下の二通りの方法で無料でダウンロードできます。

▶ **スマートフォンをご利用の場合**

アプリ「英語学習 booco」をご利用ください。本アプリのインストール方法は本書カバー袖および帯でもご案内しています。
商品コード（7021005）で検索後、音声ファイルをダウンロードしてください。

＊ iOS、Android の両方に対応しています。

▶ **パソコンをご利用の場合**

「アルク・ダウンロードセンター」https://portal-dlc.alc.co.jp/ をご利用ください。書籍名または商品コード（7021005）で検索し、ダウンロード用ボタンをクリックして音声ファイルをダウンロードしてください。

＊ 上記サービスの内容は予告なく変更する場合がございます。
　あらかじめご了承ください。

英語で仕事

着任前の心構え4つ

辞令や転職により仕事で英語が必要になったら、業務に臨む前に知っておきたい、「ビジネスで使う英語」の捉え方とは？25問のQへの回答の軸となる考えを4つにまとめました。

1 状況や場面に合わせて register を調節する

2 丁寧な英語を使う

3 気配りを伝えるマナー：丁寧にした英語の使い方

4 人間関係をスムーズにするためのマインドセット

1 状況や場面に合わせて register を調節する

「日本人は礼儀正しいのに、英語を話すと失礼に聞こえる」という声を耳にすることがあります。そう言われる背景には、「英語は伝わればいい」「英語は敬語がなくフラットな言語だ」といった誤解があるかもしれません。さらに、相手や場面に合わせた適切な表現が分からないということも、理由の一つと考えられます。しかし英語でも、TPO（time, place, and occasion）に合わせた適切な言葉遣いをすることはとても大切です。直接的でぶしつけな表現や日本語の直訳だと、相手が不快感や負担、不安を感じたり、意図が伝わらず誤解を招いたりする可能性があります。

ではどうしたらよいのか。register（言語使用域）を意識します。register とは、特定の社会的状況や集団、場に特有の言葉遣いをすることです。これを意識すると、場面に合った言葉、表現、文法を選ぶことによる総合的な効果が得られます。特にビジネスでは、日常会話から register を変えた「ビジネスに適した英語」を使う必要がありますし、例えば、自己紹介の英語表現も相手が取引先と同僚とでは少し違います。同じ相手でもミスの大きさによって謝罪で使う英語表現は変わります。

日本の学校での基本的な英語教育や多くの和英・英和辞書では、register の調節方法について紹介されていない、あるいは重視されていません。日本で教育を受け、生活をしてきた方が仕事で英語を使うことになった場合、「今このシチュエーションに適正な表現・言葉が選べない」がつまずきやすいポイントになります。重要なのは、「完璧な英語」を目指すことよりも、英語独特のニュアンスを意識し、状況に合った適切な言葉を「英語の感覚のまま」使えて、要点が意図通りに相手に伝わることです。本書では、できるだけその表現の register がふさわしいシチュエーションが思い描けるように、例文や解説を入れています。学習する際は、インプットした表現を現場で応用できるように、その言葉が持つニュアンスごと理解するよう意識してみてください。

2 丁寧な英語を使う

register を調整する上で大変重要なのは、**「英語の丁寧な表現」**です。相手に意図が伝わる簡潔な言い方をすることも大切ですが、仕事も「人対人」のコミュニケーション。相手への気遣いや思いやりが大切なのは日本語と一緒です。また、日本語で「教えてください」よりも「ご教示ください」が丁寧で知的な雰囲気になるように、英語でも丁寧で礼儀正しく、洗練されたニュアンスを持つ単語や表現があります。「です・ます」「御社・弊社」などのように、言葉自体に敬意を含むわけではありませんが、知性や気配りが伝わり、品のある印象になります。

では、具体的にビジネスに適した英語にするためにはどうしたらいいか。英語の丁寧さを調節する方法を理解し、使いこなす練習をします。英語を丁寧にする方法は、以下の通り主に5つあります。

1. 「**クッション言葉**」で柔らかくする
2. 「**リクエスト形式**」にする
3. 「**つなぎ言葉**」で流れをつくる
4. 単語を「**格上げ**」する
5. 丁寧さに「**波**」をつける

これらは英語の敬語の決まった「ルール」ではなく、筆者が外資系企業での勤務経験を通して学んだポイントです。

▶ 1.「クッション言葉」で柔らかくする

「断る」「反論する」「難しいお願いをする」など、相手にとって好ましくないことを伝える場面がありますよね。そんなときにクッション言葉を文頭に添えると、その後に続く内容の「衝撃」を和らげ、相手に心の準備をさせてから伝えることができます。例えば、申し訳ない気持ちを表現したいときは以下のよ

うなクッション言葉で切り出します。

Unfortunately, ...

残念ではございますが…

I'm afraid (that) ...

恐れ入りますが… ／申し訳ありませんが…

I'm sorry to trouble you, but ...

お手数をお掛けいたしますが…

＊ 急なお願いがあるときなどに、この言葉で前置きしてから依頼をすると申し訳ない気持ちを表現できる。

"I can't attend the meeting today."（ミーティングに参加できません）と
"I'm sorry, but I have a schedule conflict and will be unable to attend the meeting today."（申し訳ございませんが、他の予定がありミーティングに参加できません）とでは、同じ内容でも印象が変わります。本書では、さまざまなシーンでクッション言葉を紹介しているので使ってみてください。

▶ 2.「リクエスト形式」にする

何かを依頼するときは、リクエスト形式の表現を使うと相手への配慮を示すことができます。自分が主語の "I would like you to..."（…していただきたいです）や "please + 動詞の命令形" より、"Could/Would you (please)...?" といったリクエスト形式の方が、相手が依頼を受けるかどうか考える余地を残す表現になります。丁寧な依頼の方法については **Q8** で詳しく解説しています。

▶ 3.「つなぎ言葉」で流れをつくる

文と文を適切な言葉でつなぐことで、話の流れをより明確にできます。適切なつなぎ言葉を使うことは、相手が話を理解しやすくするための一種の気遣いと言えます。具体的なつなぎ言葉のバリエーションは **Q10** で紹介しています。

▶ 4. 単語を「格上げ」する

日本語でも、かしこまった場面では「守る」を「遵守する」などと言い換えた

りしますよね。英語でも丁寧で知的なニュアンスをもつ単語や表現があり、それらに言い換えることを「格上げ」と言います。さらに、例えば put into effect（実行する）と3語使うところを「格上げ」した英単語1語 implement（実行する、実施する）で表現すると、フォーマルな印象になるだけでなく、文が簡潔になります。格上げ単語の例は **Q17** をご参照ください。

▶ 5. 丁寧さに「波」をつける

英語には5つほどの丁寧レベルがあり、中でも仕事や生活で使う英語のほとんどは以下の3つの丁寧レベルに分類されます。

とても丁寧　★ ★ ★

相手は地位・身分・年齢などが上の人（クライアント、社外の人、上司など）

Yes, sir. / Yes, ma'am.　かしこまりました。

Good afternoon, Mr. McCartney.　こんにちは、マッカートニーさん。

It is certainly a pleasure to meet you, Ms. Richards.

リチャーズ様にお目にかかれて大変光栄です。

やや丁寧　★ ★

一般的に丁寧に接すべき相手（同僚や日本でいう「先輩」、店員など）

It's nice to meet you, Lauren.　お会いできてうれしいです、ローレンさん。

Could I have another spoon, please?

すみませんが、スプーンをもう1本いただけますか？

カジュアル　★

親しい間柄（親しい同僚、日本でいう「後輩」、身近な人）

Let's grab some coffee sometime.　そのうちコーヒー飲みに行こう。

See you in five (minutes)!　5分後に会おう！

日本語では、例えば顧客相手であれば常に「〜でございます」「承知しました」などと丁寧な表現を使い続けますが、英語では、丁寧な表現を使い続けると堅苦しく聞こえ、かえって不自然で誠意が感じられなかったり、冷たい印象に

なったりします。ただし、カジュアルな表現が続きすぎてもビジネスには適しません。そこで、自然に聞こえるように会話の中で丁寧さに波をつくります。丁寧な表現の中に、時折親しみやすさが感じられる表現を入れて、最後は丁寧に締めくくるなど、丁寧レベルを上げ下げして調整しながら、全体的に丁寧な印象になるようにします。目標は friendly but polite（親しみやすいけれど丁寧）な話し方です。以下は、丁寧な表現の中に Great! と少々カジュアルな表現が入っている例です。

A: Thank you very much for your time today.
本日はお時間いただきありがとうございました。

B: It's my pleasure. I'm glad we can work together again.
喜んで。またお仕事でご一緒できてうれしいです。

A: We have a meeting scheduled at the same time next week. Would you happen to be available for lunch afterwards?
また来週の同じ時間にミーティングが予定されています。その後ランチをご一緒できればと思うのですが（ご都合はいかがですか）？

B: Yes, and I'd be delighted to join you.
はい、（空いているので）ぜひ。

A: Great! There are several restaurants in this area that I highly recommend.
よかったです！　この辺にとてもおすすめのレストランがいくつかありますよ。

B : That would be great. I'm already looking forward to it.
いいですね、すでに楽しみです。

A: Me too. I'll see you next week, then.
私もです。では、来週。

B: Yes, see you next week. I hope you have a nice day.
はい、では来週。よい1日を。

A: Thank you, and the same to you.
ありがとうございます。そちらもよい一日を。

丁寧さに波をつくることで、相手との距離が縮まったり、話がよりスムーズになったりすることもあります。バランスが難しいかもしれませんが、英語のニュースやインタビューなどさまざまな会話で、この「波」の変化を聞いてみてください。会話の経験と意識の積み重ねで感覚がつかめてくるでしょう。

3 気配りを伝えるマナー：丁寧にした英語の使い方

英語で仕事をする際は、TPO の意識や丁寧な英語表現だけではなく、その場面にどのような言動が適切で礼儀正しいのかも理解する必要があります。日本と英語圏では文化的な違いがあり、マナーにも違いがあるためです。例えば、日本では社外の方の前では目上の人も「弊社の佐藤が…」と名字を呼び捨てにし、社内では「部長、今お時間ありますでしょうか」などと言います。一方、英語では、社内外で名前を使います。

マナーと品のある英語の両方が揃ってはじめて、礼儀正しく気遣いのあるプロフェッショナルなコミュニケーションと振る舞いができます。具体的には、以下のような心掛けと心遣いです。

○ 自己紹介や挨拶では＋αのコメントや相手への質問をする　　　Q1
○ 相づちの仕方に気を付ける　　　Q5
○ 謙遜しすぎない　　　Q11
○ 謝罪、感謝、称賛の言葉には受け止める返事をする　　Q13, 巻末
○ スモールトークで避ける話題を把握する　　　Q14
○ ボディーランゲージの文化の違いを理解する　　　コラム3

文字（書籍）で読むだけでは、深く理解しにくい部分もあるかもしれませんが、現場でできる限りスムーズに実践できるように、転ばぬ先の杖として本書でご紹介するようなマナーを心掛けてみてください。もちろん、毎回完璧に振る舞うことなどできません。「このように言えば（すれば）よかった」と後悔する場面も出てくるでしょう。しかし、難しい場面（ミス、怒り、悪い態度など）を経験し、対処法を学んでいくことは大切なプロセスです。毎回ベストを尽くし、経験を通してよりよい方法を学ぶのです。

4 人間関係をスムーズにするためのマインドセット

グローバルビジネスの現場ではさまざまな文化、バックグラウンドの人が一緒に働いています。英語が母語ではない方もいて、英語の文法が合っていなかったり、発音にアクセントがあったりすることも少なくありません。それでも、皆それぞれの英語を使って積極的にコミュニケーションを取りながら、ビジネス上の同じ目標に向かって進んでいます。「完璧に話さなければ」という考えは取り払い、1〜3でご紹介したことを心掛けながら積極的にコミュニケーションを取りに行ってください。英語が母語の人々も、相手に「完璧な」英語は求めませんし、相手の英語に対して「ネイティブはそんなこと言わない」と見下したり笑ったりする人はほぼいません（万が一そのような人がいたら距離を置くといいでしょう）。

「英語を話すときは別人格になった方がいい」と思う方もいらっしゃるかもしれません。コラム "Fake it till you make it"（p. 29）のように、目標とする姿やお手本のように振る舞うことは効果的です。「第二の自分」をつくるイメージに近く、この考え方がプラスに働く方には有効なマインドセットです。一方、あまり無理をすると本来の自分とのギャップに疲れてしまう方もいるかもしれません。大切なのは、間違いを恐れて萎縮することなく、自信を持って意見やアイデアを発信し、コミュニケーションを取ることです。そうすれば、自分らしく仕事ができて、最大限に力を発揮できるようになるはずです。

それに加えて、異文化を理解し、寛容さを持つという意識も大切です。文化や言葉、コミュニケーションスタイルの違いによって誤解や問題が発生しても、育った文化が違えば起こりうると捉えて、お互いに寛容になることです。相手にも自分にも寛容・寛大で、お互いに受け入れて学ぶ姿勢でいることが、スムーズな人間関係や inclusive（誰かを排除しない、包摂的な）な職場環境につながるでしょう。本書でご紹介するようなテーマやマナー、先輩たちの経験談が、自信をつける一助になりましたら幸いです。

1 ▸▸▸ 5

先輩たちに聞いた

英語で仕事をするときの
疑問・悩み 25 Questions

日本人ビジネスパーソンが抱く、よくある疑問・悩みを5つの種類に分けました。

Q01

初対面での挨拶、どうすれば!?

初対面のときの挨拶では、相手の言ったことを見よう見まねで返事することしかできませんでした。日本での名刺交換のような、挨拶の流れと定型句を用意できていれば、心に余裕が持てたと思います。日本だったら、挨拶→名刺交換→短い世間話→本題などと臨機応変に対応できるのですが…

A | 基本セットは「挨拶 + 握手 + 名乗る」、
これに＋αできると、こなれます。
名刺交換は状況次第。

初対面での挨拶は、お互いの第一印象が決まる大事な場面。相手との信頼関係構築のためにも、言葉以外に、表情、姿勢、マナーにも気を配りたいところです。しかし、勝手が分からないと、相手の挨拶を待って、同じ言葉を返す…という消極的な挨拶になりがちです。表現のバリエーションは現場でストックを増やせばよいので、まずは基本の表現を覚えてしまいましょう。相手が社外と社内の場合で挨拶が少し変化しますが、基本の流れは以下です。

① 挨拶 + 握手
② 名乗る
③ ＋αの言葉
(④ 名刺交換)

社外の方を相手にした polite（丁寧で礼儀正しい）な挨拶の例を紹介します。

●初対面での挨拶（社外向け）

🎧 01

相手（John）：＊

It's nice to meet you.
お会いできてうれしいです。

I'm John Wilson from XYZ Corporation.
XYZ Corporation のジョン・ウィルソンと申します。

自分（Kotaro）：

It's a pleasure to meet you, Mr. Wilson. ① 挨拶 ＋ 握手
お会いできてうれしいです、ウィルソンさん。

I'm Kotaro Kawamura from Mitsuki Holdings. ② 名乗る
ミツキの川村孝太郎と申します。

I look forward to working with you. ③ ＋αの言葉
一緒にお仕事できるのが楽しみです。
＊「よろしくお願いいたします」のような役割。

Here is my card. ④ 名刺交換（状況によって）
こちらが名刺です。

＊相手が先に名乗った場合の例。自分から先に挨拶を切り出す場合も、フレーズは大きくは変わらない。

① 「会えてうれしいです」などの挨拶 ＋ 握手

「はじめまして」の直訳はないので、似た役割の「お会いできてうれしいです」という意味の表現を使います。相手の名前を呼ぶことで、形式的ではなく個人に向けた挨拶になり、親しみも加わります。名前を聞き取れたことも伝わりますし、自分の記憶に残りやすくなる効果もあるでしょう。順序の厳密なルールはないですが、挨拶を言いながら、または名乗りながら同時に握手をします。

＊感染症対策の観点から握手が適切でない場合は、It may be better to avoid shaking hands now, but it's very nice to meet you.（今は握手を控えた方がよいかもしれませんが、お会いできて本当にうれしいです）などと一言添えて握手をせず対応する。

② 名乗る

フルネームと組織（会社）名、所属部署名、役職などを述べます。時々「My name is ... と言うのは古い。ネイティブはそう言わない」と聞くことがあり

ますが、実際には言います（特にビジネスやフォーマルな場面）。直訳の「私の名前は…です」は不自然でかしこまって聞こえますが、「私は…です」「…と申します」に近いニュアンスです。以前からメールでやりとりをしているなど、相手がすでに名前を知っている場合は、"I'm Kotaro." と名乗る方が自然です。

③ ＋αの言葉を添える

「よろしくお願いいたします」はさまざまな場面で使える日本語ですが、英語では場面に合わせて適した言葉を選びます。例えば、"I look forward to working with you."（一緒にお仕事できるのが楽しみです）は、「今後もよろしくお願いいたします」と似た役割を担います。メールやビデオ会議でやりとりがあったものの、対面で会うのが初めての相手であれば、"I'm happy to finally be able to meet you in person."（ついに実際にお会いできてうれしいです）と添えると、ポジティブで親しみも加わります。

④ 名刺交換

名刺交換に重きを置かないビジネス文化（アメリカなど）の場合、名刺を差し出す順番などの細かなルールはなく、名刺は挨拶の最後に渡すくらいの存在です（事前にメールのやりとりがあれば、署名に同様の情報が入っています）。渡し方は失礼がなければ問題ありません。注意するのはタイミングです。相手が名刺を差し出すか、「連絡先をいただけますか？」と聞く場合はそのタイミングで渡すのが自然でしょう。最初から名刺を取り出したり、積極的に名刺交換を迫ったりすると、少々営業に熱心な印象です。ただし、相手が日本の名刺交換文化を知っている場合は、名刺交換から始まることもあるでしょう。

最初の挨拶では、上記以外に注意したいポイントがあります。

Key Point

Point 1 ▶ なるべくオウム返しを避ける

| 相手の言葉のオウム返しは、機械的に聞こえ、相手が違和感を覚える可能性

があります。日本語では「はじめまして」に「はじめまして」と返事をしても問題ないのですが、英語では相手の挨拶の言葉をそのまま返さず、他の表現で挨拶するのがベター。挨拶表現をいくつか用意しておきましょう。

Point 2 ▶ 言葉を省略せず完全な文で話す

会話では It is などを省くことがあります（もしくは省略して It's）。口頭では自然かもしれませんが、少しカジュアルです。完全な文で言う方がフォーマル度が高まる分、丁寧に聞こえます。大幅には変わりませんが、丁寧な言葉遣いをしようという姿勢が相手に伝わります。

省略 　　　　　　　　　　　　　完全

Nice to meet you. >> **It's nice to meet you.**

Pleased to meet you. >> **I'm pleased to meet you.**

Pleasure to meet you. >> **It's a pleasure to meet you.**

Point 3 ▶ 握手が名刺交換のような役割を持つ

名刺を重要視しないビジネス文化では握手が大事で、信頼関係を築くための基本的なマナーです。握手の際のポイントは以下です。

　○ タイミングは、挨拶や名乗ると同時に行われることが多い

　○ 前のめりになりすぎず、手を伸ばして相手の手を取れるくらいの距離を保つ

　○ しっかりとした握手を。3〜5秒手を握り、2〜3回振る

　○ 笑顔を忘れず、手を握るときも相手の目を見る

　○ 避ける行動：“Limp-fish handshake”（死んだ魚のような力のない握手）、力強くブンブン振る、両手で握る、お辞儀しながらする、下を見ながらする

　＊上記は主に欧米のマナーです。

状況に合わせて、上記の流れに＋αを加えていきましょう。緊張をほぐし、お互いを知る機会になり、スモールトークへの糸口になるかもしれません（＋αのバリエーションは p. 24 Scene Specific 参照）。

一方、社内での挨拶の場合は、基本の流れ「②名乗る」を少し簡略でカジュアルにさせ、親しみを加えるとよいでしょう。他部署であれば部署名や役職、同チームであれば、役割や「一緒にお仕事できるのを楽しみにしています」など

の前向きな言葉を述べます。

● 初対面での挨拶（社内向け）

02

[他部署の場合]

相手（John）：

It's nice to meet you. I'm John Wilson from IT.
お会いできてうれしいです。IT部門のジョン・ウィルソンです。

自分（Kotaro）：

It's a pleasure to meet you, John.　① 挨拶＋握手
お会いできてうれしいです。ジョン。

I'm Kotaro Kawamura from the Sales Department.　② 名乗る
営業の川村孝太郎です。

[同部署・チームの場合]

相手（John）：

It's nice to meet you. I'm John Wilson. I oversee the XYZ team.
お会いできてうれしいです。ジョン・ウィルソンです。XYZチームをまとめています。

自分（Kotaro）：

It's a pleasure to meet you, John.　① 挨拶＋握手
お会いできてうれしいです。ジョン。

I'm Kotaro Kawamura.　② 名乗る
川村孝太郎です。

I look forward to working on your team.　③ ＋αの言葉
このチームで仕事ができるのを楽しみにしています。

It's a pleasure to meet you, John.　① 挨拶＋握手
お会いできてうれしいです。ジョン。

I'm Kotaro Kawamura, and I will be joining the ABC team. ② 名乗る

川村孝太郎です。ABC チームに入る予定です。

相手が同じ部署であれば、"Kotaro Kawamura." や "My name is Kotaro Kawamura." で十分です。他部署であれば、"I'm Kotaro Kawamura [from IT / from the IT Department]." など、部署名を付け加えます。相手の名前を呼ぶときは Mr. Wilson ではなく John と言っているように、ファーストネームの方が自然でしょう（相手の呼び方については Q2参照）。

ここでご紹介したフレーズは基本です。挨拶をする場面で相手の挨拶や返事の言葉を聞き、ご自身のフレーズ集に加えていくことをおすすめします。ストックが増えると、相手によってカスタマイズできるようになります。英語を使う現場こそが皆さんの「生きた英語の教材」です。挨拶に限らずさまざまなシーンでアンテナを張り、表現をストックし、アウトプットをしていくことが、語彙を増やして表現の幅を広げることにつながります。

⊘ 「① 挨拶 + 握手」のとき

以下は全て「はじめまして」にあたる「お会いできてうれしいです」の意です。オウム返しをしないために、いくつか言えるようにしておくとよいでしょう。

It's nice to meet you.
It's a pleasure to meet you.
I'm pleased to meet you.
I'm glad to meet you.
I'm very happy to meet you.
How do you do?
＊ How do you do? も、初対面で使う「はじめまして」にあたる表現（p. 51参照）。

⊘ 「② 名乗る」とき

My name is Shota Akiyama, and I'm an engineer in the IT department at USB Financial Holdings.
秋山翔太と申します。USB の IT 部門でエンジニアをしています。

I'm Satoshi Matsuda. I manage the ad sales team at JT Corgan.
松田聡です。JT コルガンで広告営業チームを管理しています。

⊘ 「③ ＋αの言葉」［Q1＋ Q3共通］

初対面の挨拶や自己紹介の場では軽い挨拶だけで終わることもありますが、話が広がると、お互いのことをもっと知ることができ、印象に残るでしょう。そのきっかけになるような一言や質問の例を参考にしてみてください。

Thank you for taking the time to visit our office today.
弊社までご足労いただきありがとうございます。
＊社外の方の訪問の場合。

I've heard your name often from my co-workers.
あなたのことは同僚からかねがね伺っております。
＊相手の活躍やよい評価についてなどポジティブな意味。

I heard from Yusuke that you used to work in Tokyo before.

友介からあなたが以前東京で働いていらっしゃったと聞きました。

＊英語圏では同僚を下の名前で呼ぶことが一般的。

How long have you been at the company?

この会社で働いてどれくらいになりますか？

I've heard that you like soccer.

サッカーがお好きだと聞きました。

You mentioned earlier that you like traveling to Japan. I would love to hear about your trips!

先ほど、日本へ旅行するのがお好きだとおっしゃっていましたね。ぜひ旅の話をお聞きしたいです！

共通点を見つける、話題を広げるためのトピックを投げ掛けるなど、スモールトークのきっかけになる言葉を掛けることもできます（詳しくは Q7 参照）。

✓ 「④ 名刺交換」

By the way, here's my card.

ところで、こちらが私の名刺です。

＊ card = business card（名刺）

If I can be of help in any way, please feel free to contact me.

何かお役に立てることがありましたらお気軽にご連絡ください。

This is my business card.

こちら、私の名刺です（名刺をどうぞ）。

Q02

相手をどう呼ぶのが正解？
呼ばれ方は？

初対面の相手を呼ぶときは "Mr. 名字" で OK ですか !?　なれなれしくもなく、よそよそしくもない呼び方のルールが分かりません。また、自分の呼ばれ方について "Please call me Masa." と呼びやすいニックネームを促す言葉も本で読んだことがありますが、現場はそんな雰囲気ではない !?

A | 初対面なら社外の相手は "Mr. / Ms. ファミリーネーム"、社内ではファーストネームで OK。

「英語圏ではファーストネームで呼ぶのが普通」「ファーストネームで呼び合えば距離が縮まる」というイメージがあるかもしれませんが、ビジネスシーンで、社外の初対面の方にいきなりファーストネームを使うのは避けましょう。距離を縮めるのは、あくまでも相手とある程度関係を築いてからのことです。ただし、"Please call me John." などと相手が言う場合は、自分も同様にファーストネームで呼んでもらうよう伝えるのが自然です。

●初対面での呼び方の基本（社外向け）

男性：**Mr. Richards**（Mike Richards さんの場合）

女性：**Ms. Lee**（Alice Lee さんの場合）

＊女性の場合、Mrs. や Miss という敬称もあるが、未婚・既婚の区別がない Ms. を使うのが無難。

海外の方にとって日本語の名前はなじみがなく、発音が難しい場合があります。相手が聞き取りやすいようにゆっくり発音するのはもちろん、難しそうであれば短縮形やニックネームで呼んでもらうように提案すると親切です。ニックネームを強要するのはよくありませんが、このような場合は気配りの一つです。

●気配りとしてニックネームを紹介する

My name is Mariko Suenaga. You are welcome to call me Mari for short. That's easier to remember.

末永真理子と申します。短くマリとした方が覚えやすいかと思いますので、よかったらそのように呼んでください。

＊ you are welcome to... は、「お気軽に」「よかったら」「ご自由に」の意味で、相手に選択肢を与えている丁寧なニュアンス。

●社内の上司や同僚の呼び方

一方、同僚の場合はファーストネームで呼び合うことが一般的で自然です。上司や役員クラスの方々のこともファーストネームで呼び、代表取締役や CEO に限り Mr. Smith, Ms. Klein などと敬称で呼ぶ企業もあります。周りの人の呼び方をお手本にするか、上司などに聞くのもよいでしょう。

カジュアルなニックネームは、状況に応じて使い分けが必要です。普段はニックネームで呼び合う同僚でも、クライアントや役員クラスの上司が同席する場では、省略のないファーストネームで呼ぶようにしましょう。

ちなみに、日本では相手のことを「さん」付けで呼ぶことを知っている外国の方が、そのように呼ぶこともあります。筆者も、海外の方が Maya-san や Vardaman san とメールや電話で呼んでくれることもあります。日本の文化の知識と敬意を示そうとしてくれる姿勢にうれしくなりますね。

✅ 名前を聞き返したい

I'm sorry, but I couldn't catch your name.
I'm afraid I didn't catch your name.
申し訳ございませんが、お名前を聞き取れませんでした。

May I have your name again, please?
お名前をもう一度おっしゃっていただけますか？

この catch は「聞き取る」の意味です。相手の名前が聞き取れずに聞き返すこと自体は失礼ではありません。曖昧なままにしておくよりは、その場で確認した方が安全です。

✅ 相手の名前を忘れてしまった

I'm sorry, I just can't remember your name. Could you please remind me?
申し訳ございません、どうしてもお名前が思い出せません。（もう一度）教えていただけますでしょうか？

多くの人と会うとき、名前を覚えきれずに忘れてしまうこともあるでしょう。そのような場合は素直に伝えて、丁寧に聞けば失礼にはなりません。

✅ 名前の発音を確認したい

I'm afraid I'm not sure how to pronounce your name correctly.
申し訳ないのですが、お名前の正しい発音が分かりません。

Could you please tell me the proper way to say your name?
お名前の正しい発音を教えていただけますか？

挨拶をしたばかりなら、聞き取れなかったときのように繰り返してもらう方法もありますが、改めて発音を確認したいときは上のように尋ねる方法もあります。

✅ 相手が自分の名前や発音を間違えたときに丁寧に教える

My name is a bit difficult to pronounce. The correct way is ...
私の名前の発音はちょっと難しいのですが、正しくは…です。

第2の自分をつくるくらいの気持ちで
"Fake it till you make it"!

特にアメリカ人は、日本人の感覚からするとおおげさなまでに感謝をしたり、ファースト
ネームで呼び合ったり、お互いの日常を共有したりと、どういう振る舞いをすることが「模
範的な人間」であるかという独自の規範があるように思える。日本人は「謙虚であること」
を親や学校から教えられて育つが、アメリカでは「gentle（優しい、寛大な）であること」
が重視されていると感じる。自分に嘘をつく必要はないが、こうした規範を理解した上で、
それに合わせた第二の自分をつくるくらいの気持ちで生きていくと、関係を深めやすいと感
じる。

アメリカに駐在／ゲートウェイさん

「第二の自分をつくる」というのは、英語圏の人々と関係を深めるためにも、国内外関
係なく仕事で成功するためにも役に立つマインドセットだと思います。

確かに、英語圏と日本では文化的な違いがあり、相手の文化での「よい」行動を意識すると
人間関係がスムーズにいくというのは真理だと思います。日本で育ってきた方がアメリカで
生活する場合は、日本にいるときの自分よりも「自信を持って振る舞う」「感謝や称賛をさ
れたら素直に受け止めて感謝する」または「謙遜しすぎない」などを意識すると、周囲と関
係を深めやすくなるかもしれません。

ビジネスでのマインドセットの話をすると、英語で "Fake it till you make it." という有名
なフレーズがあり、筆者は現場のさまざまな場面で意識してきました。この fake は「偽物」
や「ごまかす」の意味ではなく、自分が目標としている姿や立場に到達する（make it）ま
で「そうなっているかのように振るまえ（fake it）」という意味です。例えば、プレゼンを
行うときは必ず緊張しますが、「声が小さく、自信がなさそうなスピーカーを見てどう思う
か」と、聴衆の感じ方を考えます。そして、どんなに緊張していても、自信に満ちた姿を
「演じ」ます。「プレゼン中は『マヤ・オン・ザ・ステージ』だよ！」と、上司が励ましてく
ださったことがあります。自分が主役の輝けるステージだと考え、さらに、聴衆の役に立つ
話をするのだという姿勢で話すと、言葉や表情にエネルギーが込められ、自信に満ちた姿か
ら内容に説得力がついてきます。やはり緊張はしてしまうので、自信満々の姿はある意味
ハッタリですが、このマインドセットと振る舞いで結果が違ってきます。経験から、試す価
値があると信じています。

目標としている人や人物像があるとしたら、その姿をお手本にして振る舞いを意識すると、
そのイメージ像に自分も少しずつ近づいていきます。お仕事でも、プライベートでも、無理
のない範囲で「自信のある自分」や「現地の文化にいる自分」などを意識して振る舞ってみ
ませんか？

Q03

自己紹介は用意しておいた方が いいの？

海外のビジネス文化では自己紹介は必要とされていますか？必要だとしたらどの程度のものを用意しておいたらいいですか？

A 日本同様、初対面で自己紹介をする機会はあります。
簡単な自己紹介を準備しておくとスムーズです。
相手・場面に合わせて内容をアレンジします。

自己紹介の場面は緊張が伴い、ゼロから作文しようとすると頭が真っ白になる…という方もいらっしゃるのではないでしょうか。自己紹介の形式やフレーズはバリエーションが多くありませんので、数パターンを覚えれば十分です。その後に相手と場面に合わせて＋αの情報を加えますが、これもあらかじめ内容を用意しておけば心に余裕が生まれるでしょう。

初対面の場合は Q1の挨拶①〜④の流れの中で、②で名乗った後に自己紹介を入れると自然です。以下2点を押さえるとよいでしょう。

① 役職名や役職、業界や所属組織の簡潔な説明（相手が知らない場合）
② 自分のことについて＋αで加える

自分の目的、相手に貢献できること、強みなどを付け加えて、自分を覚えてもらいやすくしましょう。基本のケースを紹介します。

● 社外の方への自己紹介

[Example 1: 海外駐在で初めてクライアントと会う]

It's a pleasure to meet you. I'm Yuki Matsuda, and ① I'm an international consultant at ALC Consulting. I have 12 years of experience providing consulting services to companies in various industries, from tourism to IT. I've been with ALC Consulting in Tokyo for nine years, and I work with companies in the U.S. with their plans to enter the Japanese market.
② I relocated to New York a month ago, and I'm excited to be on the ground to be able to assist clients like you.
I look forward to working with you.

① ALC コンサルティングの国際コンサルタントです。12年、観光から IT までさまざまな業種の会社のコンサルティングをしてきました。ALC コンサルティングの東京オフィスで9年働き、日本市場に参入したいと考えている米国企業をサポートしています。②先月からニューヨークに移り、うれしいことに御社のような企業を現地でサポートできることになりました。

[Example 2: 国内のカンファレンス（イベント）で会った海外からの人に自己紹介する]

It's nice to meet you. My name is Jun Uchida, and
① I lead the Media Relations team in Corporate Communications at ALC Holdings. I'm responsible for everything from writing and publishing press releases and social media marketing to seeking charity partnership opportunities.
② My background is in journalism, and I studied for four years at a university in Chicago as an undergrad and went on to get a master's degree in Boston. On weekends, I volunteer as an official tour guide for the Tokyo Tourist Information Center. If you're interested in going on a tour, please let me know. I'd be happy to show you around the city sometime!

① ALC ホールディングで企業広報のメディア関連チームを率いています。プレスリリースを

書いて出すことや、ソーシャルメディアのマーケティング、チャリティーのパートナーシップの機会を探すことなどを担当しています。
②バックグラウンドはジャーナリズムで、シカゴの大学で4年間勉強して学士号を得たのちに、修士号のためにボストン（の大学院）に進学しました。週末は東京観光情報センターで公式ツアーガイドのボランティアをしています。もしツアーにご興味ありましたら、喜んで都内をご案内しますのでお声掛けください！

Example 1 は職歴や業務内容がメインで、仕事への信頼感を持ってもらえそうな内容です。Example 2 は個人的な情報が多めで、親しみを感じてもらえそうです。

▶ **elevator pitch や elevator speech を知っていますか？**

elevator pitch または　elevator speech は、エレベーターに乗り合わせた程度の短い時間（基本的に30秒ほど。短くて15秒、長くて2分くらい）に自分や会社、商品を説明するミニ・スピーチのことです。役員など役職の高い人とエレベーターで一緒になったときや、面接で自分を売り込みたいとき、投資家に自分の商品に興味を持ってほしいとき、ネットワーキングイベントで影響力のある人とつながりたい、などの場面のために用意するものです。
自己紹介でも、自分の経験、バックグラウンド、組織やチームに貢献できるポイントや意欲を簡潔に表現する elevator pitch のようなものを用意してもよいでしょう。伝えたいメッセージを書き、表情やボディーランゲージを意識しながら練習し、録画や録音をして確認すると準備は万全です。あらかじめ練習をしておけば、本番での緊張を減らせるでしょう。

● **社内で同僚に自己紹介する場合**
一方、社内の場合は、基本的に前述のポイント①②（p. 30）を押さえますが、職務紹介をより簡潔にし、人となりが分かるようなプライベートな内容を足して親しみやすさを出してもよいでしょう。そして締めは鉄板フレーズ "I'm looking forward to working with all of you." を覚えておくと便利です。相

手と自分の立場や状況で少しずつ内容が変わります（例は以下と Scene Specific 参照）。

[Example 1: 転職で入社して自己紹介をする]

Nice to meet you. I'm Kana Fujii.
① I'm the new engineer. I worked at two software companies before joining ALC Systems.
② Outside of work, I like to jog and play the drums. I'm excited to be part of this team, and I'm looking forward to working with all of you.

①新しく入ったエンジニアです。ALC システムズに入社する前はソフトウエア会社2社で働きました。②仕事以外では、ジョギングとドラムを演奏するのが好きです。このチームの一員になれてうれしいです。皆さんと一緒に仕事できるのが楽しみです。

[Example 2: 異動先の海外オフィスで自己紹介をする]

▶ 同僚に

I'm Yuji, and ① I just relocated to the New York office. I worked in the Tokyo office for the past six years and was at another financial company for two years prior to that. ② This is my first time in New York. I'm into photography, so if any of you like taking photos as well, I would love it if we could go for a photo walk together. I'm looking forward to getting to know and working with all of you.

①ニューヨークオフィスに異動になったばかりです。東京オフィスに6年間勤務し、その前は他の金融企業で2年間働いていました。②ニューヨークに来るのは初めてなのですが、カメラが好きなので、他にも写真好きな方がいらっしゃったらぜひご一緒にフォトウォークに行きたいです。皆さんのことを知っていきながら一緒に仕事するのが楽しみです。

Hi. My name is Miyuki. ① I relocated from the Tokyo office, and I'll be working with the team here to help launch a new game application. We might be collaborating on some projects in the future. I'm looking forward to working with you.

①東京オフィスから異動してきまして、こちらのチームと新しいゲームアプリのローンチに向けてお仕事することになりました。皆さんとも将来何かプロジェクトでご一緒できるかもしれません。一緒に仕事できるのが楽しみです。

筆者の経験で印象に残っている社内での自己紹介は、チームのマネジャーが中途採用で入社したときのものです。"I started my career at Bank A and then worked at this company for X years. I then changed jobs and went to Bank B, then went to Bank C, and now I'm back!" のように、同じ業界の他社で働き、勤務経験のある会社に戻ってきた、という話でした（その業界では競合他社への転職や、転職回数が1回以上あることは「あるある」でした）。他社を経験して戻ってくるほど働きやすい会社なのだと思ったと同時に、トップ企業の名前ばかりが並んでいて、今でも覚えているくらいインパクトのある効果的な自己紹介でした！

第一印象が決まる自己紹介。効果的に「自分をプレゼンする」機会だと思ってぜひ前向きに取り組んでください。

Scene Specific 場面別表現

☑ 社外への自己紹介：応用編

自分のバックグラウンドを話す（専門分野、業界での経験など）

I worked at two major financial companies in Japan for the past 10 years. This is my third year at XYZ Company.

これまで10年間日本の大手金融企業2社で働いてきました。XYZ 社では3年目となります。

自分の職責を説明する

I'm a recruiting manager for the APAC offices. I help talented students find career opportunities in the U.S. job market.

アジア太平洋地域にあるオフィスのリクルーティングマネジャーです。優秀な学生さんがアメリカの就職市場で就職するためのお手伝いをします。

☑ 社内への自己紹介：応用編

短期の駐在または出張先で自己紹介をする

I'm on a short-term assignment to help the ABC team work on XYZ.

ABC チームの XYZ の仕事をお手伝いするために短期駐在で来ています。

I'm here for a month to help the Technology Risk Advisory team work on the new global project.

新規グローバルプロジェクトの仕事をお手伝いするために1カ月の間こちらに来ています。

新しく入ったメンバーに自己紹介をする

Hi. I'm Koji Ueda. I'm an executive director, and I lead the XYZ team in the ABC department. I've been with the firm for eight years. It's an absolute pleasure to have you join our team. My desk is right over there, so please feel free to let me know if I can help with anything. We can grab coffee sometime, too. I look forward to working with you.

こんにちは、上田浩二です。ABC 部の XYZ チームを率いるエグゼクティブディレクターです。この会社では8年働いています。あなたがチームに入ったことを本当にうれしく思います。私のデスクはすぐそこなので、何か手伝えることがあったら気軽に声を掛けてください。いつかコーヒーでも飲みに行きましょう。一緒にお仕事できることを楽しみにしています。

この他にも、Q1にある自己紹介のバリエーションも参考になさってください。

Q04

とにかく聞き取れない！

とにかく相手の英語が聞き取れません。会議などで重要な内容を聞き取れないとまずいので、非常に不安です。発信はゆっくりならなんとかできますが、受信にはより苦労します。スピーキング力を磨いて話し掛けても、その回答が聞き取れないことも。聞き取り上達のコツを教えてください！

A

ミーティングなら、使われそうな言葉を予習しておきましょう。聞き取れないときはクッション言葉を添えて速やかに聞き返すのがベター。

実際には、現場でたくさん英語に触れて慣れるしかありません。職場では、英語教材のように聞き取りやすい発音で話してもらえませんし、スピードや語彙も違います。さらに、職場のダイバーシティーが高まると、多国籍な英語が飛び交うようになり、発音や話し方も多様化します。

ですが、聞き取りの慣れを早める工夫はできます。仕事に関するメールやレポートの文章に多く触れて、仕事で使われる言葉や言い回しに慣れましょう。見たことのある単語や表現なら言葉を聞き取りやすくなります。また、リスニング教材を活用して英語特有の音や句動詞などを聞き取るトレーニングをしたり、言葉の短縮形、省略、つなぎ言葉といった、話し言葉によく出てくる現象に慣れる練習をしたりするのも効果的です。

▶ 聞き取れなかったときは速やかに確認

ミーティングで内容が聞き取れずに、曖昧な理解のままやり過ごしてしまうと、話が進むにつれさらについていけなくなります。また、ミスにつながる、さらには信頼を失う、などのリスクがあります。できる限り聞き直して、内容を明確にした方がよいでしょう。質問をするタイミングが難しいかもしれませんが、後になって分からなかったことを聞くのは避けた方がよいです。ミーティング全体の内容を把握していなかったことが伝わってしまいます。質問をしてミーティングの進行が一時的に滞ることにより、不明点を残す、あるいは誤解をして仕事を進める方がかえって時間や努力、労力のロスになります。

● 聞き取れなかった内容を確認する

失礼なく、一言で聞き返すなら以下がよいでしょう。

Sorry?
Excuse me?
Pardon?

何とおっしゃいました？

次のように I'm sorry, (but ...) や I'm afraid ... などのクッション言葉を添えたり、Could you ...? を使ったりすると丁寧になります。

I'm sorry, but I didn't catch that.

すみません、聞き取れませんでした。

Could you please say that again?

もう一度おっしゃっていただけますか？

＊相手の発言が聞き取れないとき、とっさに "What?" "Wait, what did you say?" と言ってしまうと「何？」と同じようにぶっきらぼうで失礼に聞こえる。

ただし、分からないことをその都度質問していると参加者の時間を奪ってしまうので、できる限り質問や確認は厳選して最小限にしたいものです。「どの部分が重要か」「ここは確認した方がいい」という感覚がカギですが、経験を重ねるとその感覚がつかめてきます。

●**話し方が速くて聞き取りにくいとき**

話し方が速いという理由で理解しづらい場合は、もう少しゆっくり話してもらうように頼むのも一つの手です。他にも同じように感じている方がいるかもしれません（特に英語ネイティブではない参加者）。

Could you please speak more slowly?
もう少しゆっくり話していただけますか？

相手の英語が聞き取れても内容が理解できない場合は、同じ言葉で繰り返してもらっても理解できない可能性が高いです。その場合は、右ページの Scene Specific の表現を参考にしてください。分かりやすく言い換えたり、背景や詳細を説明したりしてもらえるでしょう。

Scene Specific 場面別表現

☑ もう一度言ってもらう

I'm afraid I couldn't catch what you said.

恐れ入りますが、聞き取れませんでした。

Could you please say that again?

もう一度おっしゃっていただけますか？

＊ I'm afraid は I'm sorry, but としても同じ意味。didn't catch は「聞き取れませんでした」、couldn't catch は「聞き取ることができませんでした」のニュアンス。どちらも同じように使う。

I'm sorry, but could you please repeat that?
I'm sorry, but could you please say that again?

申し訳ないのですが、もう一度おっしゃっていただけますか？

＊ここでの repeat はどちらかというと数字や日付、電話番号、予定などの詳細をもう一度言ってもらうときに使う。

☑ 内容が理解できない

I'm afraid I don't fully understand.

恐れ入りますが、十分に理解できていません。

I'm sorry, I don't fully understand what you mean.

すみません、おっしゃっていることをちゃんと理解できていません。

I'm afraid I'm not following what you're saying.

恐れ入りますが、おっしゃっていることがよく分かっていません。

以下のように、理解できていないことを発信する方法もあります。I'm sorry, but ... などのクッション言葉を添えると、より丁寧ですが、話が速く進んでいる場合は以下の言い方でもそこまで失礼にはならないでしょう。

I don't get what you mean.

おっしゃっていることが理解できません。

I'm lost. What was that?

話を追えていません。何とおっしゃいましたか？

What was that? I didn't follow you.

何とおっしゃいましたか？（話に）ついていけませんでした。

▶ 避けた方がよい例

× I don't understand.
分かりません。／理解できません。

状況と文脈によりますが、相手が意見や主張を述べた後にこのように言うと、「あなたのことが理解できません」のように、個人に対するコメントと受け取られる可能性があります。

◎ 詳細を確認する

Could I ask you to clarify one point for me?
一点、（私の理解のために）明確にしていただけますか？

Could you please explain in a little more detail?
もう少し詳しく説明していただけますか？

You were talking about XYZ, and I'm afraid I couldn't follow you completely. Could you tell me about that again?
XYZ についてお話しされていましたが、恐れ入りますが完全にはお話についていけませんでした。もう一度お話しいただけますか？

◎ 理解が正しいか確かめる

I'm sorry, did you say ...?
すみません、…とおっしゃいましたか？

I'd just like to confirm.
確認をさせてください。

Just to confirm ...
確認なのですが…

I'd like to confirm if my understanding was correct.
自分の理解が正しいか確認したいのですが。

I'd like to confirm that I understood correctly.
理解が正しいか確認したいと思います。

Could I just confirm my understanding?
私の理解について確認してもいいですか？

I'd just like to confirm something.

確認したいことがございます。

May I confirm one thing on that?

その件について一つ確認してもいいですか？

Are you saying that ...?

…ということでしょうか？

Am I correct that ...?

…ということで合っていますか？

I hate to break in, but I'm a bit confused. Do you mean that ...?

割り込んで申し訳ないのですが、少々混乱してしまいました。…ということでしょうか？

✅ 録音をしたいとき

本書でアンケートをとった海外駐在経験者の方の中には、英語に慣れるまで会議の会話を録音しておいて、終業後、内容を復習していた方もいました。その場合、録音してもいいかどうか上司や会議の責任者に次のように確認しましょう。

I hope you don't mind if I record our conversation/meeting. I'm not always able to catch things, and I want to listen again later and double-check to be sure I understood correctly.

話（会議）を録音しても問題ないでしょうか。聞き逃してしまうことがあるので、後で聞き直して正しく理解していることを再確認したいと思います。

ただし、内容や会議のフォーマットによっては録音が不可能ですし（特にコンプライアンスの観点から）、毎回録音するのは難しいです。そのとき、その場で聞き取り、正しく理解しなければ話についていけず、会議に貢献できません。

Q05

うまい切り返しができない！

相手が話していることを理解できても、適切な言い換え「それってこういうことね」や、話の展開「ではこの場合はこうね」がタイムリーにできず、"Yes." "Got it." などの単調な返答に終始してしまいます。相手は、本当に内容を理解しているのか不安に思っていたようです。ビジネスの現場では、しっかり表現できる人間がそうでない人間よりも当然ながら評価されるため、自分の考えを表現できないことがフラストレーションです。

A ① 理解を示す一言 + ② 言い換えや話を展開させるための言い出しを何パターンか用意しておきましょう。

返答のバリエーションを増やしたいと思われるのは素晴らしいですね。自分が理解できていることが相手に伝わり、安心感を持ってもらえることは信頼関係の構築に貢献します。また、言い換えることで自分の理解も深まったり、万が一理解のズレを発見したり、話が発展したりする可能性もあります。
相手の話にタイムリーに反応するために、

① 理解を示す一言
② （余力があるとき・必要に応じて）言い換えや話を展開させるための言い出し

のフレーズをいくつか覚えておきましょう。

●① 理解・了解したことを示す

一言で手早く理解を示す場合は、以下のような言葉があります。

I see.
なるほど。／そうなのですね。

I understand.
理解しています。／分かります。

Certainly.
そうですね。／もちろんです。／おっしゃる通りです。

＊「はい」「かしこまりました」など、状況によって他の意味もある。

Key Point

Point 1 ▶ 相づちの Yes に注意

とっさに口をついて出やすい "Yes." には注意が必要です。日本語では単なる相づちの意味で「はい」と言いますが、英語の yes は「はい」「正しいです」「その通りです」「同意します」といった意味で捉えられる可能性があります。したがって、"yes, yes" と連発すると全てを肯定していることになります。相手が相づちのつもりだと理解してくれる場合でも、yes の連発はうるさく聞こえるかもしれません。

Point 2 ▶ 英語の相づちはアイコンタクトが主

単なる相づちには、他の言葉や音があります。

Uh-huh. / Mm-hmm. / OK. / Right. / Yeah.

しかしこれらも yes と同様、頻繁に言うことは避けたいです。実際、日本語と英語とでは相づちを打つ頻度が異なります。目安ですが、英語ネイティブが会話で相づちを打つ回数は日本人の約半分〜1/4程度に感じられます（ジェームス・M・バーダマン著「英語の処方箋」参照）。
英語でのコミュニケーションではアイコンタクトが「聞いていますよ」の合

図で、相づちの役割になります。アイコンタクトを取りながら、たまに軽く頷く、それに加えて、上記のような表現をうるさくない程度に取り入れるとよいでしょう。

①に加えて、さらに内容の理解を確認したり、話を広げたりする場合に以下のような言い出しが使えます。

● ② -a 言い換えて確認する 「それってこういうことね」

I understand.
So, you're saying that ..., is that right?
なるほど。では…とおっしゃっているのですよね？

I see.
In other words, ... Is that correct?
そうですか。言い換えますと、…。合っていますでしょうか？

● ② -b 話を展開させる 「ではこの場合はこうね」

You mentioned [A], but how about [B]?
[A] についておっしゃっていましたが、[B] についてはいかがですか？

Do you see any other options?
他のオプション（選択肢、方法）はあると思われますか？

In that case, [do you think] ... ?
ということは（そういうことでしたら）、…[だと思われますか]？

上記に加えて、相手に同意や賛成を示すために "I agree."（同意／賛成します）などと言葉にすると、自分の考えも明確に示せます。p. 47の「✓ 賛成・同意の強さ」でご紹介しているように、同意や賛成の度合いによって表現を調整すると、具体的に「どの程度同意／賛成しているか」が伝わります。

✓ 理解を示す

I see your point.
おっしゃっていることは分かります。

I understand your point.
おっしゃっていることは理解できます。

Absolutely.
はい、もちろんです。／そうですとも。／本当ですね。
＊強めの肯定。

That's for sure.
全くその通りです。

Q05 切り返し

Understood.
分かりました。了解。
＊あまり目上の人には言わない。

Qの質問文にある "Got it." は「分かった」「了解」のようなニュアンスです。カジュアルで親しい相手であれば、使っても自然でしょう。

✓ 言い換えて確認する

In other words, what you're saying is ...?
言い換えますと、…とおっしゃっているのですね？

To put it another way,
別の言い方をすれば

This means that ...
これはつまり…

Just to double-check, ... Is that correct?
念のため確認ですが、…。それで合っていますか？

Just to be clear, do you mean ...?
念のため明確にしたいのですが、…ということですか？

Let me be sure that I've got this right. You're saying that ..., is that right?
自分がちゃんと理解しているか確認させてください。おっしゃっているのは…で間違いないですね？

45

✓ 話を展開させる

If that's the case, would ... be possible?
もしそういうことでしたら、…は可能でしょうか？

How about if we try a different approach?
別のアプローチを試すのはどうでしょうか？

Could you tell me more [about ...]?
[…について]もっと教えていただけますか？

What do you think about ...?
…についてどう思われますか？

Do you think that we could also try ...?
…も試すのは可能だと思いますか？

Now that you mention it, ...
そう言われてみると、…

✓ 賛成・同意の強さ

強

I completely agree.
I agree entirely.
完全に賛成・同意します。

- -

I believe that's true.
そうだと思います。

- -

I believe you're right [about ...].
［…について］あなたは正しいと思います

- -

I agree with you on that.
それについて同意します、同じように思います。

- -

I think so, too.
私もそう思います。

- -

That may be true.
そうかもしれないです。

- -

You may be right.
そうかもしれないです。

弱

Q06

How's it going? は
どの程度答えたらいい挨拶？

同僚との基本的な挨拶のやりとりも、どう答えてよいか分かりません。とっさに何か聞かれたときに、「それが本題なのか挨拶なのか」が分からないときがあります。

A　廊下ですれ違った場合は挨拶、会議前なら
会話が発展する可能性あり。場面によって、
会話がどの程度発展するか推測はできます。

"How's it going?" や "How are you?" は形式的なのか、まじめに答えるべきかは実は多くの方が悩む問題のようです。実際、この判断はその時々の状況によります。特に深い意味のない単なる挨拶の場合もあれば、本当に相手の調子を気にした気遣いの場合もあります。どちらなのか、そしてどう返事をすればいいかの「魔法の（オールマイティな）ルール」はありませんが、例を状況別にご紹介します。

●廊下ですれ違ったとき

ちょっとすれ違ったようなときは、軽い返事で問題ありません。体調がいまいちな日だとしても、ここであまり正直に言いすぎると、相手に「大丈夫ですか？」と気を遣わせたり、話が長引いたりして負担を掛けてしまいます。

A: Hi. How are you?
こんにちは。元気ですか？

B: Great, thank you!
元気です、ありがとうございます！

A: How are things going?
最近どうですか？

B: Things are going great! / Everything is going well!
順調ですよ！／うまくいっています！

A: How's it going?
調子はどうですか？

B: Things are going pretty well, thank you. /
Doing great, thank you.
うまくやってます、ありがとうございます。

A: Hey, how's it going? ＊カジュアル
やぁ、元気？

B: Good, thanks!
いいよ、ありがとう！

●相手に聞き返す

少し時間に余裕がありそうな場合は、相手にも聞き返します。

And you?
And yourself?
How about you?
How about yourself?
How are things with you?
そちらは（どうですか）？

● ミーティング開始前、エレベーターで一緒になったときなど

状況と時間に余裕がある場合、"How are you?" への答えの後に、さらに一言、または質問をプラスします。相手が話をしたい雰囲気であれば、そのままスモールトークに進む可能性があります（スモールトークについては Q7参照）。

A：他部署の社員　B：Yuri

A： Hi, Yuri. How are things going?
こんにちは、ユリさん。調子はどうですか？

B： Things are going great, thank you.
とてもいいです、ありがとうございます。

A： Wonderful.
それはよかったです。

B： How are things with you?
そちらはいかがですか？

A： Things are pretty good! We just had two interns join our team, so we've been busy running programs for them. But things are going well so far, and they seem to be enjoying it.
うまくいっていますよ！　つい最近2名のインターンがチームに入ったので、彼らのためのプログラムを実施していて忙しくしていました。でも今のところうまく進んでいて、彼らも楽しんでいるようです。

B： That's great to hear! If I may ask, are your interns from local universities or from overseas?
それは素晴らしいですね！　お聞きしたいのですが、インターンは国内の大学からですか？それとも海外ですか？

A： Well, one intern is from California, and the other is from Hong Kong.
はい、1人はカリフォルニア、もう1人は香港からです。

B： Wow, it must be a great for them to be working and living in Tokyo!
わぁ、では彼らにとって東京での仕事や生活を体験できるよい機会ですね！

● **上司や先輩とのミーティングの中で**

一方、同僚や上司、メンターなどとのミーティングであれば、近況報告や仕事の課題やフィードバック、キャリアの相談などを話す目的があるので、そのまま本題に入ります。

A: メンター　B: Hiro

A: Hi, Hiro. How are you doing?
こんにちは、ヒロ。お元気ですか？

B: I'm doing well, thank you.
はい、ありがとうございます。

A: Great. It's been a while since we last talked, so I thought it might be good to catch up.
よかったです。前にお話ししてから時間が経っているので、近況を知りたいと思っていました。

B: Thank you for setting up this meeting.
このミーティングを設定してくださってありがとうございます。

A: My pleasure. Is there anything that we should focus on today?
喜んで。今日は何か重点的に話したいことはありますか？

B: Thank you for asking. I'd actually like to ask for your advice on how to politely handle unreasonable requests from my clients and from my manager.
聞いてくださってありがとうございます。実は、クライアントと上司の無理な要求への丁寧な対処法についてアドバイスをお聞きしたいです。

A: I see. I completely understand your struggles.
なるほど。苦労なさっていることはよく分かります。

Q06
挨拶

ところで、"How are you?" に対しての "Fine, thank you. And you?" は「古い」「ネイティブは言わない」と聞くことがありますが、実際に言います。特にフォーマルなシーンでは礼儀正しく丁寧なやりとりです。出会ったときの挨拶としての "How do you do?"（はじめまして）も同様の声を聞くことがありますが、古くもなく間違いでもないので気にせず使ってください。

▶ How's it going? フローチャート

その場の状況や雰囲気によりますが、挨拶がどの程度のやりとりに発展するかの判断は、以下のフローチャートを参考にしてみてください。

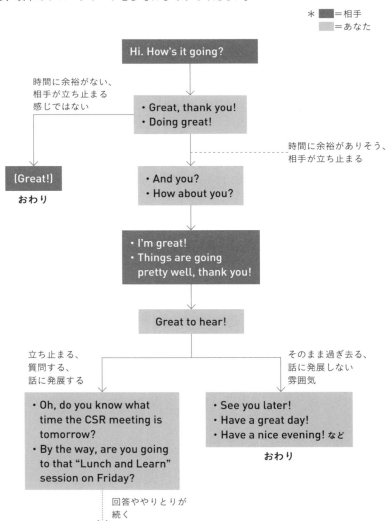

* ■=相手
　■=あなた

Hi. How's it going?

時間に余裕がない、
相手が立ち止まる
感じではない

・Great, thank you!
・Doing great!

時間に余裕がありそう、
相手が立ち止まる

(Great!)

おわり

・And you?
・How about you?

・I'm great!
・Things are going
　pretty well, thank you!

Great to hear!

立ち止まる、
質問する、
話に発展する

そのまま過ぎ去る、
話に発展しない
雰囲気

・Oh, do you know what
　time the CSR meeting is
　tomorrow?
・By the way, are you going
　to that "Lunch and Learn"
　session on Friday?

・See you later!
・Have a great day!
・Have a nice evening! など

おわり

回答ややりとりが
続く

52

仕事をしながらどのように効率よく効果的に英語の勉強ができるか？
海外駐在を経験した先輩方に勉強法や工夫を聞いてみました。
ヒントになりそうなものをご紹介します。

着任前の準備

- 自宅でできるオンライン英会話は移動時間がかからず続けやすかった。（圧倒的多数）
- 通勤時間を利用できるツール（podcast など）が便利。
- 英語がそこまで得意でないときは、NHK ラジオ講座が効果的だった。その後は、オンライン英会話、podcast が役に立った。特にオンライン英会話はスピーキングの場数を踏めるのでよかった。

着任後のスキルアップ

- 現地赴任と同時に英会話学校に通い始めた。日本に比べて経済的に通いやすいし異国での環境も手伝って楽しく効率よく学べた。車通勤時のラジオや CD を使ったシャドーイングも効率よく役立った。
- 英語の資料作成はネイティブに何度かチェックをお願いした。
- アメリカ人からのメールの復習。返信メールのうち、自分が使った表現を言い換えた部分を特に注意して復習していた。
- 英語の技術文書の書き方的な本を何冊か購入した。
- 職場の気の合う英語スピーカー 3、4 人で、英語しばりの飲み会を設ける。
- 日本のドラマやバラエティーに英語字幕が付いた番組（"WAKUWAKU JAPAN"）を見て、雑談の話題やボキャブラリーの幅を広げた。字幕があると知らない単語でもスペルを追えるので助かった。
- 現地の友人をつくることは、学習のモチベーション維持の観点で大変有意義。

仕事をしながら学ぶ工夫

- 週に 2 回の仕事終わりを勉強の時間にする。難しければ、通勤中にシャドーイング。
- 先に決めたのは「いつ何をするか」ではなく「何をやめるか」。好きな読書など、仕事以外の自由時間で何をやめるか決めると、その時間が英語に使えるようになる。
- 今は家族が寝た 22 ～ 24 時が英語の時間。25 分スカイブ英会話、60 ～ 90 分を英語のディクテーションに使っている。
- 日々の継続が重要なので、1 回の学習に時間がかかる教材は避けるか休日だけにするのが実践的。

「会話慣れが必要、とにかく会話」と力説する方もいらっしゃり、総じてアウトプットの訓練ができる勉強法が効果的だったという回答が多数でした。一方、「通う英会話スクールは、急な残業や飲み会が入って全然元が取れなかった」「英文法の教材、聞くだけ系の教材、テキストに沿って進む英会話は効果に即効性がなかった」という声もありました。

Q07

英語で雑談ってハードルが高い！どんなことを話せばいい？

日本語でもよくあることですが、会議や仕事の話に入る前にちょっとした雑談をするので、英語での雑談の「引き出し」がほしいです。突然振られるとあたふたしてしまい、本題の仕事の話までスムーズでなくなることもあるので、意外に重要で…。仕事の話は英語がつたなくても業務知識で補完できる部分がありますが、雑談はそうもいかず苦労します。

A | 相手との共通の話題や、その場の状況に関連する話題をある程度予測しましょう。

英語での雑談や small talk（ちょっとした会話）の話題に困るという相談をよく受けます。初対面の挨拶の後、上司と二人きりで会議に向かう途中、電話会議で参加者全員が集まるまでの間…。仕事以外のイベントなどでも、自己紹介の後に何を話せばいいのかと悩む方が多いようです。雑談といっても、実際にどの程度の話に発展するのかイメージするために、一例を見てみましょう。

● 仕事関連のイベントで自己紹介するときの雑談

A: Hi. It's nice to meet you. I'm Kevin Flynn from ABC Incorporated.
お会いできてうれしいです。ABC インコーポレーテッドのケビン・フリンです。

B： It's a pleasure to meet you, Mr. Flynn. I'm Emika Tsukada from ALC Enterprises. Please call me Emi for short. That's easier to remember.

お会いできてうれしいです、フリンさん。ALC エンタープライズの塚田恵美香と申します。よかったら短くエミと呼んでください。その方が覚えやすいかと思いますので。

A： Certainly, Emi. And please call me Kevin.

承知しました、エミさん。私のことはケビンと呼んでください。

B： Sure, Kevin. If you don't mind my asking, have you been to this event before?

はい、ケビンさん。差し支えなければお聞きしたいのですが、このイベントには以前いらっしゃったことはありますか？

A： It's my first time. In fact, it's my first year in Tokyo, and my boss thought it would be a good chance for me to learn about the industry here and meet people, so he suggested that I come.

初めてなんです。実は東京に来て1年目で、上司が、ここの業界について学んで人と会うよい機会だということで、来るように勧めてくれたのです。

B： I see! I hope you're adjusting well to life in Tokyo.

そうなのですね！　東京での生活には慣れてきているといいのですが。

A： Thank you! Yes, I come from New York, where things are crowded and busy, too, but it's definitely a change for me. Fortunately, I studied Japanese for six years, so I'm able to get by with everyday and basic business conversations.

ありがとうございます！　ええ、私は同じように人が多くて慌ただしいニューヨークの出身ですが、やはり違いはありますね。幸い日本語を6年勉強してきたので、日常会話と簡単な仕事のやりとりはできています。

B： Wow, that's great. Actually, I worked in New York on a short-term assignment for three months last year! I know what you mean by it being crowded and busy. I would love to go back and visit! ... Oh, it looks like the next presentation is starting soon.

まあ、素晴らしいですね。実は去年、3カ月間の短期駐在でニューヨークで働いていました！　人が多くて慌ただしいの、よく分かります。ぜひまた訪れたいです。…あ、次のプレゼンがそろそろ始まるようです。

A： Ah, I see.

ああ、そうなのですね。

B： Are you planning on attending this one?

こちら、出席されますか？

A： Actually, I think I'll attend the other one in Hall B.

実は、ホール B で行われる方に出席しようと思っています。

B： I see! By the way, here's my card. If I can help in any way, please feel free to contact me.

そうですか！　ところで、私の名刺です。何か力になれることなどありましたらお気軽にご連絡ください。

A： Thank you. That's really kind of you. And here's mine.

ありがとうございます。ご親切に。こちらが私のです。

B： Thank you. It was really great talking with you, Kevin.

お話しできてとてもうれしかったです、ケビンさん。

A： The pleasure is mine, Emi. I hope you enjoy the rest of the event.

こちらこそ、エミさん。イベントを楽しめますように。

B： Thank you, and the same to you!

ありがとうございます。そちらも楽しんでください！

長いと感じるでしょうか。初対面の相手でも、会話が続くとこの程度の長さに発展する可能性はあります。

大抵スモールトークの内容は、相手と共通する話題や、その場や状況に関連することなどに限られるので予測しておきましょう。上の例でいうと、仕事関係のイベントなので、話題はイベントや仕事についてがいいかな…と用意しておきます。以下に、一般的に無難な話題と、相手との関係に合わせた話題、そして具体的なフレーズをご紹介します（避けたい話題については Q14参照）。

▶ 誰に対しても無難な話題

ビジネスの場面では特にTPOに配慮が必要ですが、無難な話題は以下の通りです。少々「ありきたり」に思うかもしれませんが、相手を不快にさせない、複雑な話にならないため、よくスモールトークの話題になります。

○ 天気や季節　　　○ スポーツ　　　　　　　○ 仕事（軽く触れる程度）

○ 場所　　　　　　○ 旅行・イベント

○ 食べ物　　　　　○ 趣味や休日の過ごし方

● 天気や季節

役職が高い相手にでも気軽に持ち出せる話題です。エレベーター、会議室での待ち時間、ランチに一緒に行く際など、さまざまな場面で使えます。

It's really nice out today.
とてもいい天気ですね。

What is the weather like in Hong Kong these days?
最近香港の天気はどのような感じですか？

It looks like it's going to pour down rain. I hope you have an umbrella.
土砂降りになりそうな空です。傘をお持ちだといいのですが。

┌─────┐
│回答の例│
└─────┘

回答は簡単でOKですが、同意だけでなく、＋αで一言あるとベターです。

A： **It's nice to have some sun for a change.**
　　久しぶりに太陽が出ていてうれしいですね。

B： **It really is! It seems like we had rain every day this past week.**
　　本当ですね！　ここ1週間毎日雨でしたからね。

または

B: It really is! I'm planning on taking my lunch to the park.

本当ですね！ 今日は公園にランチを持っていって食べようと思っています。

●場所

This is a really nice restaurant.
素敵なレストランですね。

Have you been here before?
ここへいらっしゃったことはありますか？

[イベントなどで]

Are you here by yourself, or did you come with colleagues?
お一人でいらっしゃったのですか、それとも同僚の方々とご一緒ですか？

●食べ物

食事に関しては関心がある人が多く、会話が盛り上がりやすい話題です。味や食感を表す言葉（Scene Specific 参照）も覚えておくと役に立ちます。

Do you eat out a lot?
よく外食されますか？

Do you like to cook or eat out?
お料理するのと外食するのではどちらがお好きですか？

How is the salad?
そのサラダはいかがですか？

These crab cakes are really good! Have you tried them?
このクラブケーキはとてもおいしいです！お試しになりましたか？

Is there a particular type of food that you like?

特にお好きな食べ物はありますか？

I'm a real fan of Mexican food. Do you happen to know any good restaurants in this area?

私はメキシコ料理が大好きです。この近辺でいいレストランをご存知ありませんか？

＊ Do you happen to know ...? は「ひょっとして知っていますか？」のニュアンス。

What do you think of the new salad shop that opened on the first floor last week?

先週1階にオープンしたサラダのお店についてどう思いますか？

●スポーツ

スポーツも気軽に触れられるトピックです。もしワールドカップなどの試合が開催されている場合は、それも話題になります。

Are you into any sports?

何かスポーツに興味がありますか？

＊ be into X = X に興味を持つ

Do you watch any sports?

スポーツはご覧になりますか？

Do you play soccer yourself?

ご自身もサッカーをなさるのですか？

Do you follow any particular teams?

どこか応援しているチームはありますか？

I just happened to see your New York Yankees iPhone case. Are you a Yankees fan?

たまたまニューヨークヤンキースの iPhone ケースが見えました。ヤンキースのファンですか？

Are you following the NFL games?

NFL の試合はフォローされていますか？

＊ NFL = National Football League

●旅行、イベント

Do you have any travel plans [this year / for the summer]?

[今年 / 夏に] どこか旅行へ行かれるご予定はありますか？

Are you going anywhere during the winter holidays?
冬の休暇はどこか行かれるのですか？

Do you have any concrete plans for your trip to Bali?
バリ旅行の具体的なプランはありますか？　＊行くと分かっている場合。

Are you planning on attending the conference next week?
来週、カンファレンスに参加されますか？

●趣味や休日の過ごし方

TPO によりますが、より親しみやすい話をしたいとき、お互いのことをもっと知る機会をつくりたいときは、音楽やグルメなど趣味について聞くのもよいでしょう。趣味や休日の過ごし方を聞く際は "What is your hobby?" ではなく "What do you do in your spare time?" や "What do you do when you're not working?" の方が自然に聞こえます。しかし、回答するときには "My hobby is taking photos of unique buildings in the cities I visit." のように、hobby を使って問題ありません。

What do you like to do in your free time?

お仕事がお休みのときはどのようなことをされていますか？

Where do you like to go during your vacations?
休暇中どのようなところへ行くのが好きですか？

Do you have any plans for the weekend?
週末は何かされる予定ですか？

＊具体的な予定を聞いているわけではないので、回答は詳細でなくて OK。

Do you have any suggestions for audiobooks or podcasts?
オーディオブックやポッドキャストのおすすめはありますか？

When was the last time you went to see a movie in a theater?

最近映画館で観た映画は何ですか？

＊相手が回答したら How was it?（どうでしたか？）などと感想を聞くこともできる。

What kinds of books are you reading these days?

最近はどのような本をお読みになっていらっしゃいますか？

I'm interested in reading about marketing. Do you have any book recommendations?

マーケティングについての本を読みたいのですが、本のおすすめはありますか？

●仕事（軽く触れる程度）

仕事の詳細やプライベートな情報には触れず、より広い意味での「仕事」について聞きます（注意点は Q14参照）。

What kind of work do you do?

どんなお仕事をされていますか？

What do you do for a living?

どのようなお仕事をなさっていますか？

If you don't mind my asking, what kind of business does your company do?

差し支えなければ教えていただきたいのですが、御社はどのようなビジネスをされているのですか。

[回答例]

I'm a designer.　デザイナーです。

I work for a financial firm.　金融機関で働いています。

I'm in IT.　IT の仕事をしています。

My company deals with product design.

弊社はプロダクトデザインを扱っています。

▶ 相手との関係に合わせた話題

●同僚

一緒に仕事を進めている同僚とは、具体的な仕事の話もできます。相手が他部署の場合はざっくりと相手の部署の状況を聞いたりします。その際、自分・チームメイトのプライベートなことやネガティブな話は避けます。

How are things going with the monthly report?
マンスリーレポートの方はどう？

Are you ready for the meeting tomorrow? ＊カジュアル
明日のミーティングの準備はどう？

＊実際に用意や準備を聞いている場合と、「ミーティング、明日だね」「いよいよだね」といった意味合いで言う場合がある。

Is it a busy week for you?
今週は忙しいですか？

What has been the highlight of your week so far?
今のところ、今週一番の出来事は何ですか？

Have things slowed down a bit for you?
忙しさも少し落ち着いてきましたか？

I hope you don't have to work too late these days.
最近はあまり遅くまで残業せずに済んでいるといいのですが。

How are things going with your team?
最近そちらのチーム（の調子）はどうですか？

＊自分が回答するときは簡潔でポジティブに。プロジェクトのこと、新メンバーが入ってきたことなどが適当。

●海外から来たゲストなど

ゲストのフライト、滞在先、日本で過ごした時間や観光の感想など、話題を用意しておきます。ディナーなど長めの時間の会話が想定される場合は、日本滞在中の観光や外食のヒントになるような話をすると喜ばれるかもしれません。

How was your flight?
フライトはいかがでしたか？

I hope you didn't have much trouble getting to the office.
オフィスまでいらっしゃるのがあまり大変ではなかったならよいのですが。

Is this your first time in Japan?
日本にいらっしゃるのは初めてですか？

Do you travel a lot on business?
よく出張なさるのですか？

Are you able to do some sightseeing while you're here?
こちらにいらっしゃる間、観光はできそうですか？

What brought you to Japan?
どのようなきっかけで日本にいらっしゃったのですか？

＊ If you don't mind my asking ... を文頭に添えるとより丁寧。

Q07
雑談

Key Point

open-ended question

> 相手に質問をする場合は、"Do you like ...?" のような closed-ended questions（yes/no のように答えが限定され、会話が「行き止まる」質問）ではなく、"How ...?" や "When ...?" など、答えの幅が広く会話が進む open-ended questions を意識すると話が広がりやすくなります。

最後に断っておきたいのは、small talk の内容自体がそれほど重要なわけではなく、会話することが相手との関係作りの一環として大事だということです。相手と打ち解けるきっかけや、その後の話へ進展させる前段階になり得ます。たとえその場は天気の話で終わったとしても、そのやりとりがあったことにより、今後も声を掛けやすい関係性ができてきます。その積み重ねも、信頼関係の構築につながるでしょう。

◯ 天気　会話例

例　1

A: It's really hot today, isn't it?

今日はとても暑いですね！

B: It sure is. I hope it cools off before the weekend.

本当に。週末までには少し暑さが落ち着くといいのですが。

例　2：A と B が別の地域にいる場合

A: It's really hot here. How is the weather where you are?

こちらはものすごく暑いです。そちらの天気はどうですか？

B: Fortunately, it's comfortable here. By the way, when are you taking vacation?

幸い心地よい気候です。ところで、休暇はいつごろ取られますか？

例　3：少々カジュアル

A: Great weather today!

素晴らしい天気だね！

B: Yeah, sure is! I hope it stays this way.

うん、確かに！このまま続くといいけど。

例　4：別の国・地域から来た人と

A: What do you think of the weather here?

天気についてどう思われますか？

B: To be honest, it's a bit too muggy/humid for me.

正直言って、私にはちょっと蒸し暑すぎます。
＊どちらかというと「気候」の意味合い。特に真夏の東京の話は盛り上がる（muggy, too humid, too hot）。

◎ いろいろな食感・味

食べ物（日本食など）の説明で役立つ表現をご紹介します。

食感を表す［例になる食べ物］

crispy	サクサク、カリカリ［ベーコン、とんかつ］
crunchy	サクサク、バリバリ、シャキシャキ［クッキー、生のニンジン］
chewy	もちもち、噛み応えがある［おだんご］
thick	とろりとした［スープ］
creamy	クリーミー［スープ、ソース］
fluffy	ふわふわした［スフレ］
juicy	ジューシーな［果物］
sticky	粘着質な［キャラメル］
tender	軟らかい［お肉など］
springy texture	弾力がある、もちもち［うどんやラーメンの麺］

味を表す

rich	リッチな、濃厚な
bitter	ビター、苦味のある
fruity	フルーティーな
citrusy	シトラスのような
delicate flavor	繊細な味
nutty flavor	ナッツっぽい（蕎麦をこのように表現したりする）

定番：sweet（甘い）、spicy（香辛料の効いた）、hot（辛い）、salty（しょっぱい）、sugary（砂糖のように甘い）、smoky（いぶったような）

✓ 趣味や休日の過ごし方

What do you like to do when you are not working?
仕事がお休みのときはどんなことをするのが好きですか？

How do you like to spend your vacations?
休暇はどのように過ごすのが好きですか？

Do you like to go to the movies?
映画を見に行くことはお好きですか？

What are you planning to do during the New Year holidays?
正月休みは何をされるご予定ですか？

It's hard to believe that it's the end of the year already.
もう年末だなんて信じられないです。

What do you do for stress relief?
ストレス解消にはどのようなことをされますか？

✓ 仕事の話

How long have you been working at ALC Electric?
どれくらいの間 ALC 電機でお仕事されているのですか？
＊ "at 会社名 " の部分を in Tokyo（東京で）、in finance（金融で）のように変えられる。

Do you travel much for work?
よく出張はされるのですか？

What do you like most about your job?
お仕事で一番好きなことは何ですか？

What's the most exciting thing about your job?
お仕事で一番魅力的なことは何ですか？

How are things in your industry these days?
あなたの業界は最近どのような状況ですか？

✓ 海外から来たゲスト

How did you get to the office today?
このオフィスまではどのようにいらっしゃったのですか？

What has your experience in Japan been like so far?
日本では、これまでのところいかがですか？

Have you worked in any other cities or countries before?
以前に他の都市や国でお仕事されたことはありますか？

I would love to travel to London sometime. Do you have any recommendations for places to see?
ぜひいつかロンドンへ旅行したいです。観光地のおすすめはありますか？

☑ 相手の話に反応する

yeah, yes, uh-huh と連発せず、相手の話への反応にバリエーションをもつと便利です（相づちについては Q5の Key Point 参照）。

That's great. / That's wonderful. / That's amazing.
素晴らしいですね。

Wow. / Oh wow!
わあ（すごいですね）！

I didn't know that!
知りませんでした！

What a coincidence!
偶然ですね！

That's tough. I'm sorry to hear that.
それは悔しい（大変）ですね。残念です。

☑ 相手のことを聞く

How about yourself?
あなたはいかがですか？

What do you think?
どう思われますか？

What did you think about that?
それについてどう思われましたか？

Q08

確実にやってもらいたい依頼。
主張と配慮のバランスが難しい！

相手に何か依頼をするときに、配慮を見せて「できることなら…」という
ニュアンスで hopefully や would appreciate it if ... という表現を使った
ところ、依頼通りにやってもらえませんでした。同僚からは「至急で業務
依頼をする際に、丁寧な表現ばかりだと緊急性を示せないよ」とアドバイ
スを受けました。本当にやってほしいことは強く伝える必要があると感じ
ましたが、配慮も見せたい場合はどう言えば？

A | 具体的な依頼内容と明確な期限を示すことも
配慮の一つ。その上で、丁寧に表現して
相手が気持ちよく受け取れるようにします。

依頼は配慮を見せたい一方で、やんわりと婉曲的な表現では重要度や緊急度が
伝わりにくく、バランスを取りづらい場面ですよね。丁寧な依頼表現を使いな
がらも、依頼内容と期日を明確にする、フォローアップするなどの工夫をしま
しょう。

日本語には「…（して）いただけますでしょうか？」や「…をお願いいたしま
す」などの敬語表現がありますが、英語にも丁寧さを意識した表現法がありま
す。依頼は特に相手に負担を掛けるものなので、気持ちよく受け取ってもらえ
るようにしたいところです。明確かつ丁寧な依頼のポイントは以下です。

● 依頼メールの基本的な流れの例

Could you please submit the presentation materials by the end of the week? ① 丁寧な表現で依頼 ＋ ② 期限や緊急度

今週の終わりまでにプレゼン資料を提出していただけますか？

I've attached the previous version of the slides for your reference. ③ 背景や情報

ご参考までに、以前のバージョンのスライドを添付いたしました。

I'm sorry for the urgent request. ④ 申し訳ない気持ち

緊急の依頼で申し訳ありません。

① 丁寧な表現で依頼

相手に求めるアクションの概要を示しながら丁寧な表現で依頼します。英語表現の丁寧度のニュアンスを理解しましょう。

Q08 依頼

[Not Good]

Please submit the presentation materials.

プレゼン資料を提出してください。

I want you to submit the presentation materials.

プレゼン資料を提出してほしい。

[OK]

I'd like you to submit the presentation materials.

プレゼン資料を提出していただきたいです。

[Better]

Could you please submit the presentation materials?

プレゼン資料を提出していただけますか？

[Not Good] には以下の改善すべき点があります。

1. "please + 動詞の命令形" は命令調

文頭に please を付ければ自動的に丁寧な表現になると思われがちですが、実際には "please + 動詞の命令形" は一方的で命令調に聞こえます。相手に選択

肢や断る余裕を与えない言い方になり、「上から目線」なニュアンスもあります。特に目上の人には使わないようにしましょう。

2. I want you to ... は一方的

「…をしていただきたいです」という日本語から "I want you to ..."（…してほしい）という表現が思い浮かぶかもしれません。「…していただきたいです」のつもりでも、「…してもらいたい、…してほしい」と命令調に聞こえます。直接的で、相手の都合を考えていないようなニュアンスです。ちなみに、"I want to ..."（…したい）や "I want ..."（…がほしい）も直接的すぎて幼稚な響きがあり、自己中心的に聞こえます。

Key Point

依頼はリクエスト形式の表現で

何かを依頼するときは、相手が依頼を受けるかどうか考える余地を残した表現を心掛けます。前述の ［Better］ のような、リクエスト形式にするとよいでしょう。筆者がよく質問を受ける、依頼をするときの would と could のニュアンスの違い・使い分け方については p. 174で詳しく解説しています。

---

② 期限や緊急度を明確に示す

日々多くの連絡や依頼が飛び交う中で、その依頼にどれくらい緊急性や重要性があるのか、優先順位付けの判断材料として期日を示すことが大切です。できるだけ具体的な期限を示しましょう。

Could you please submit the presentation materials by next Monday, May 8?
来週月曜日、5月8日までにプレゼン資料を提出していただけますか？

緊急なときに、ASAP (as soon as possible) はよく使うと思われがちですが、実際には一方的で命令しているニュアンスです。"Can you reply ASAP?"（で

きるだけ早く返事してくれますか？）と言うと、こちらの都合を押し付けていると受け取られるかもしれません。また、目上の方や社外の方には使わない方がよいでしょう。

③ 依頼の背景や参照情報を伝える（必要に応じて）
適切であれば、依頼の背景や業務を助ける情報を伝えると効果的です。相手が依頼内容を理解でき、アクションを取りやすくなります。

- ○ どんな仕事やプロセスの一部なのか → 相手は全体像が見える
- ○ なぜ依頼を受けてもらえると助かるか → 相手はその仕事がどう貢献するか分かる
- ○ 参照用の資料や情報 → 正確性や効率が上がる、二度手間が省ける
- ○ どの程度の完成度を求めるか → 「完成した内容をそのまま役員会議に提出する」のか「参考までに大体の予算が知りたい」のかでは相手の心理的負担と完成度に対する意識が異なる

④ 申し訳ない気持ちを添える
期限が短い依頼や、特に少々無理のある依頼をするときは、申し訳ない気持ちを表す表現やクッション言葉を添えて気遣いを伝えます。

✓ 丁寧な依頼表現

Could you please get back to us by the end of the week?
今週の終わりまでにお返事をいただけますでしょうか？

Would you please advise us on the next steps?
次のステップについてアドバイスをいただけますでしょうか？

We would appreciate it if you could get back to us at your earliest convenience.
ご都合がつき次第（お早めに）ご連絡いただけると助かります。

It would be helpful if you could confirm the numbers by the end of the day.
数字について、今日の終わりまでに確認していただけると助かります。

We would be grateful if you could please give this matter your prompt attention.
お早めにご対応いただけましたら幸いです。

✓ 緊急度を示す表現 [明確な期限がある]

by Friday, July 2
7月2日金曜までに
＊曜日を入れ替えて日付を指定する。

by noon on Friday
金曜日の正午までに

before 3:00 p.m. on Friday
金曜日の午後3時までに

by the end of the day
一日（その日）の終わりまでに、今日中に
＊ by EOD (end of day), by COB (close of business) と表記することもある。「業務時間内の（1日の）終わりまで」を指すが、他のタイムゾーンにいる人と仕事をする場合や、確実に特定の時間までに必要な場合は、時間を指定する方がよい（11:59 p.m. までと解釈される可能性もある）。

first thing Monday morning
月曜日の朝一番に

✅ 緊急度を示す表現［明確な期限がない］

at your earliest convenience

都合のよい中で早めに、ご都合がつき次第

as soon as possible

できるだけ早く
＊ ASAP (as soon as possible) という表現は「早急に」という意味があり、一方的で命令調。特に略語は避ける。

when possible

可能なときに
＊少々曖昧。

at your convenience

ご都合のよろしいときに

as soon as you can

（あなたが）できるだけ早く
＊少々曖昧で、相手への配慮に欠ける場合も。

✅ 依頼の背景や参照情報を伝える

We've been asked by New York to put together some stats, and we would appreciate some input from your team.

ニューヨークから数字をまとめるように依頼が来たので、そちらのチームの数字をいただけると助かります。
＊ stats = statistics（統計、数字）

We need to submit the budget proposal for next year, and it would be helpful to get a general idea for your team's business travel costs for this year.

来年の予算案を提出しないといけないのですが、そちらのチームの今年のおおよその出張旅費が分かると助かります。

I've attached the minutes of the recent meeting for your reference.

ご参考までに、先日の会議の議事録を添付いたしました。

Relevant materials are all saved in the folder here.

関連した資料はこのフォルダに保存してあります。
＊メールにリンクを貼る場合。

Just a ballpark figure would be helpful.

大体の数字だけでも助かります。
＊ ballpark figure は「おおよその金額・数字、概算」を意味するカジュアルな表現。

I would also be grateful if you could include any other costs related to travel.

出張に関連した他のコストも入れていただけるととても助かります。

申し訳ない気持ちを表す言葉を添える

I'm (really) sorry to trouble you, but could you please double-check the stats before I submit the final draft to the management team?

お手数をお掛けして（誠に）申し訳ないのですが、マネジメントチームに最終版を提出する前に統計をもう一度チェックしていただけますか？

I'm sorry to rush you, but would it be possible to have you check the stats by the end of the day?

急がせてしまって申し訳ないのですが、今日中に統計の確認をお願いすることは可能でしょうか。

I'm sorry for the short notice, but ...

直前のご連絡で申し訳ないのですが…
＊時間に余裕がない、急ぎであることに対して申し訳ない気持ちを示す。

I'm sorry for the tight timeline, but could you please ...?

期限がタイトで申し訳ないのですが、…していただけますか？

I realize that the timing is tight, but we would greatly appreciate your cooperation in meeting this deadline.

時間に余裕がなく申し訳ございませんが、期限遵守にご協力いただけると大変助かります。

Apologies for the tight timeline, but could you please ...?

スケジュールがタイトで申し訳ないのですが、…していただけますか？
＊ apologies は I apologize より丁寧度が低くなりますが、ビジネスではよく目にします。

We would appreciate your immediate attention to this matter.

この件に迅速にご対応いただけると助かります。
＊依頼を明確に伝えた上で、このように「…していただけると助かる」という表現を添えても気遣いが伝わる。

74

Diversity の根本

現地の文化や習慣の情報はさまざまなソースからなんとなく得られますが、アメリカ人でも
いろいろな考え方の人（例えば、当然アメリカ人でも強い主張ができない、奥ゆかしい人も
いる）がいるので、偏見を持たず壁をつくらず、溶け込む気でいるとよいと思います。外見
や母語が違えど同じ人間であり、信頼関係の築き方に大きな変わりはないと感じました。

アメリカに駐在／ゆーやさん

英語をうまく使えない私に対して、英語圏の人たちは思ったよりはるかに寛容でした。もち
ろん中にはそうでない人、差別的な態度を取る人もいますが、そのような人との付き合いは
ごく短い時間であり、仕事でもプライベートでもお互いに「寛容」と「敬意」を持った人が
仲間として残っていきます。なので、英語が不得手でも、思ったより相手は一生懸命理解し
ようとしてくれると思っていいかもしれません（それが今の私の支えです）。

スコットランド・イギリスに駐在／ PON さん

文化やコミュニケーションスタイル、仕事の仕方の違いについては、書籍やネットで簡
単に知ることができますが、一番大切にしたいのは、「外見や母語が違えど同じ人間」
という根本の部分です。シンプルなようで、経験をするとその深さを理解できるはずです。
上記のような経験をされた方の言葉は貴重です。

最近、日本でもダイバーシティー＆インクルージョン (diversity and inclusion = D&I) と
いう言葉を見聞きするようになりました。多様性を尊重して一人一人が自分らしく、力を最
大限に発揮できる環境作りに力を入れる企業も増えています。
その活動の一つに、社員ネットワークの多様化があります。日本の企業では、その活動は主
に女性（および女性のリーダーシップ）、ファミリー、LGBT (+)、障害のある方へのサポー
トの推進を目標としています。英語圏では、その他に兵役経験者、さまざまな人種、多様な
宗教の方々のためのネットワークがある企業もあり、多様性の幅広さを反映していると言え
るでしょう。
英語の履歴書に「顔写真」「年齢」「性別」が不要であることも、採用活動において差別やバ
イアスをしないためです。Unconscious bias（無意識の偏見・先入観）は、組織での人間関
係、採用活動、ビジネス、決定事項などへの影響があり、ここ数年社員研修にも取り入れ
られるようになりました。「育児をしている女性だから○○」「外国人だから○○」──誰
にでも unconscious bias はありますが、それを理解し、意識して行動することで、本当の
diversity and inclusion につながります。
異なる文化の環境に新しく飛び込む際は、ゆーやさんや PON さんの言葉を意識してみてく
ださい。英語力や文化の違いを壁に感じてしまうのではなく、それも多様性の一部として
"embrace" して（抱きしめるイメージ）、お互いに寛容と敬意を持って人間関係を築くこと
にフォーカスし、自信を持ってコミュニケーションを取ってみてください。

Q09

みんなの話に割って入れない！

ネイティブたちとの会話の中で割って入りたいときがあっても、そのための英語がとっさに出てきません。黙って待っていても自分の番はこないので、主張すべきことはタイミングを見て発信しなければいけません（そしてそれが彼らの普通）。うまく会話に入るための最初の一言を知りたいです！

A 割って入るタイミングを逃さずに「会話に入るためのきっかけフレーズ」が口から出てくるように、頭にインプットしておきましょう。

おっしゃる通り重要なのは、発信するタイミングを見極めることと、話の切り出し方です。日本語での会話と共通する点ではありますが、英語の会話だとペースが速かったり、口語の言い回しやイディオム、省略形の使用が多かったりして、理解が追いつかない、英語を考えている間に話が進んでしまう、という悩みを聞きます。

話に割って入りたいときに、どんな場面でも対応できるオールマイティな一言は存在しませんが、場面別で、話を切り出すための表現をいくつかご紹介しますので、ニュアンスごと頭にインプットしてみてください。話に入るための英語を考える時間と労力を最低限にし、タイミングと発信したい内容に意識を向けられるようにしましょう。場数を踏むとタイミングや切り出し方の感覚がつかめ、インプットした表現がスムーズに言えるようになるのを実感できるはずです。

● 発言の合図・きっかけフレーズ

話に割って入る理由は、情報を共有する、意見を言う、誰かの発言に反応する、質問をするなど、さまざまです。

① 丁寧に話に割って入る

Sorry to interrupt, but ...
話に割り込んで申し訳ないですが…

That reminds me ...
それで思い出したのですが…

I was just thinking ...
ちょっと思ったのですが…

② 前向きな反応をしてきっかけをつくる

Oh wow! [I also think ...]
わぁ、すごいですね！［そして思うのは ...]

That's great! Also, ...
素晴らしいですね！それと…

③ 同意を示してさらに意見を述べる

I completely agree! Also, ...
完全に同意です！全く同じように思います。さらに…

Absolutely. [I believe ...]
おっしゃる通りです。［私が思うのは…]

④ 話を展開する、詳細を聞き出す

I'd just like to add that ...
ちょっと追加したいのですが…

Actually, ...
実は…

How about ...?
…はいかがですか？

Sorry, could you please explain that a little more?
すみません、もっとそれについて詳しくお話しいただけますか？

ミーティングであれば、スピーディーに進む話でも多少の割り込みは想定されており、意見の発信＝貢献という共通認識があります。話に割って入る際には前述したようなある程度決まった言い回しが使えます。

割って入るタイミングをつかむヒント
- ○ 相手が息継ぎをするとき
- ○ センテンスの終わり
- ○ 話にプラスになるようなことを「ここで言わなきゃ！」というとき

▶ **英語の会話の間合い**

発言のタイミングをつかむときには、英語圏と日本での**「間合い」**の感覚の違いについて意識する必要があります。ここで言う「間合い」には２つの意味があります。1つ目は物理的な距離です。英語ネイティブ同士の会話では、お互いに少し斜めの角度で向かい合うことも多いのですが、心理学によると、この近いけれど直接的に対面しないポジションが、会話をする際の適度な距離感なのだそうです。

2つ目は時間的な間で、この間に対する感覚の違いが会話に割り込むタイミングを計るときに重要になります。日本語話者にとって間を取ることには意味があります。相手が間を取った場合、そこに意味があるのではと考え、自分が話す番を待ちます。しかし、英語話者は間を発言で埋める傾向にあります。日本語話者が発言までの間を取っているつもりでいても、英語話者が間を埋めようと発言してしまい、日本語話者は話に割り込まれたと感じることもあるでしょう。黙っているだけでは「この後意見を言うつもり」ということが英語話者には伝わらず、「理解していないのだな」「意見はないのだな」と誤解されてしまう可能性もあります。

これを避けるために、英語の会話では間を詰めた発言を目指してみてくださ

い。それが難しい場合でも、"**Let me see ...**" "**Let me think ...**" などのつなぎ言葉を挟んで間を埋め、考えているサインを出せば、相手はあなたに発言の意思があることを理解し、発言まで待ってくれるでしょう（このとき、well ..., you know ... など意味のない "filler words"［p. 87参照］を多用することは避けます）。

▶ 話についていけなくなりそうなときに

話についていけなくなり、内容を確認する意図で会話を中断したいときは、Q4で紹介した、理解が合っているか確認するフレーズを使うのも手です。重要な部分を理解できないまま話が進むと、その後どんどん「迷子」になるリスクがあります。分からないままその場しのぎに相づちを打って流したり「自分の話す番」を待ったりせずに、その場で速やかに確認した方が安全です。もちろん、話を遮る回数にも限度があるので、「この発言は聞き取れなくても話全体の理解には影響ないだろう」と流していい部分と、重要な部分とをある程度判断する必要があります。

✓ 丁寧に話に割って入る

Excuse me for interrupting, but ...

お話の途中申し訳ないのですが…

I don't mean to interrupt, but ...

話を遮るつもりではないのですが…
＊実際には遮っているが、それに対して申し訳ない気持ちを伝える丁寧な表現。

Sorry, before you go on, ...

すみません、話を進める前に…

Sorry, could I jump in?

すみません、ちょっと割り込んでもいいですか？

Could I just stop you for a moment?

少しだけお話を止めてもよいでしょうか？

✓ 前向きな反応をしてきっかけをつくる

That's so interesting! [I think ...]

すごく面白いですね！［〜だと思います］

That's a great idea! [Also, ...]

素晴らしいアイデアですね！［それと…］

✓ 同意して意見を述べる

I was thinking that myself! Also, ...

私もそう思っていました！それと…

I know exactly what you mean.

おっしゃることはよく分かります。

✓ 話を展開する、詳細を聞く

On that point, ...

その点についてですが、

Would you mind telling us more about that?

もう少しそれについてお話しいただけますか？

Could I just add something?

ちょっと付け加えてもいいですか？

Do you mind if I add something?

私から付け加えてもいいですか？

✓ 思い切ってもともと参加していなかった会話に入る

Would you mind if I joined in?

お話に参加してもいいですか？

I happened to overhear you talking about Fuji Rock Festival. Are any of you planning on going?

フジロックについてお話しされているのが偶然聞こえました。どなたか行かれるのですか？

▶ 会話例

A: I'm thinking about arranging a mingling session after the event for people to network with employees from other departments.

他部署の社員とのネットワークづくりのためにイベントの後に懇親会を開くことを考えています。

B: That's a great idea! Also, we could announce that ahead of time so people could block out their schedules.

それは素晴らしいアイデアですね！そして、前もって参加者に告知すれば皆さんスケジュールに入れておいてもらえますね。

A: Thank you for your suggestion! Yes, let's do that.

ご提案ありがとうございます！はい、そうしましょう。

C: I was just thinking ... Perhaps we could also arrange drinks and light snacks to encourage people to feel relaxed.

ちょっと考えていたのですが …　参加者がリラックスできるような場にするため、飲み物やちょっとしたスナックを用意することもできますね。

D: <New joiner in conversation>: **Hi! Sorry to butt in! I overheard you talking about** next week's event. I wanted to let you know that I'd be more than happy to help out with the arrangements.

＜もともと会話に入っていなかった参入者＞割り込んでしまって失礼します！来週のイベントについてお話しされているのが聞こえまして。私も喜んで準備のお手伝いをしますとお伝えしようと思いまして。

Q10

文と文をつなぐ言葉が
ワンパターン！

英語ネイティブとは、文章のつなぎ方に発想の違いがあるように感じます。
例えば逆接的に文をつなげたいときに英語ができない日本人は "But" を使
いたがり、英語ができる日本人は "However"、外国人はさらに異なる表現
を使う印象です。つなぎ言葉がうまく使えず、話の流れがスムーズにいか
ないため、相手は私がもっていきたい話の方向性を理解できていないよう
です。つなぎ言葉を使うコツを教えてください。

A | これから述べることの方向性や関係性を予測させる
「つなぎ言葉」のバリエーションを増やしましょう

プレゼンやミーティングでの発言、メール、レポートも、文と文を適切な言葉
でつなぐことで話の流れを明確にできます。この「つなぎ言葉」がないと、前
後の文章の関連性が釈然とせず、発言のパッチワークのようになり、内容に集
中できなくなることも。話の方向性を予測させ、相手に心の準備をさせてから
趣旨に入る「つなぎ言葉」は、話の内容を理解してもらうための一種の気遣い
とも言えるでしょう。

●場面に合わせたつなぎ言葉

つなぎ言葉といえば and や but、so を使いがちです。しかし、前に述べた内
容との関連性をより明確にするつなぎ言葉を使い分けることができれば、話の
流れがスムーズになるだけでなく、ビジネスに適した洗練された印象にもなり

ます。

以下に、場面別のつなぎ言葉をご紹介します。場面や文脈によって、同じ言葉が別の役割を持つこともあります。どちらかというと書き言葉に多い場合は *W、口語の場合は *S と記してあります（W = written、S = spoken）。ディスカッション、プレゼン、メールなどに幅広く応用してみてください。

例を挙げる

For example, / For instance,

例えば

前述のことに関連づける

Regarding ...

…に関して、…について

As for ...

…に関しては、…については

データ、図などを参照する

Based on ...

…に基づいて

According to ...

…によると

As you can see on this slide,

スライドにあります通り

As the graph shows ...

このグラフが示している通り…

理由や原因を説明する

For this/that reason,

これ／それが理由で、この／そのため

Due to ...,

…が原因で、…に起因して、…のせいで

Because of ... ,
…が原因で

詳細を述べる
Specifically,
特に、具体的に

＊ More specifically, （さらに具体的に言うと、より具体的には）もよく使う。

Actually, ...
実のところは、本当は

In fact,
実際に、実のところ

＊実例などを挙げる

追加する
Also,
それに、加えて

In addition,
その上、それに追加して

Besides,
その上、さらに

Further,
さらに、その上

Furthermore, *W
さらに、その上に

強調する
More importantly,
さらに重要なことに、

Above all,
とりわけ、何よりも

In fact,

その上、さらに言うなら

比較する、反対のことを説明する

However,

とはいえ、けれども、しかしながら

In contrast,

反対に、その一方で、対照的に

On the other hand,

一方で

As opposed to A, B is ...

A の反対に B は…

Instead,

その代わり

Despite ..., / In spite of ...,

… にもかかわらず

Although ...,

とはいえ、しかし、…にもかかわらず、…ではあるが、…だけれども

Even though ...,

…であるけれども、…であるにしても、…にもかかわらず

Still, / Even then,

とはいえ

Similarly,

似たように、同様に、

時間を表す

Earlier,

（時間的に）前に

Previously,

以前に

Meanwhile,

その間、それと同時に、その一方で

At the same time,

それと同時に

＊前述の内容に対して「その一方で」という意味でも使われる。

Immediately,

すぐに、早急に

順番を表す

First, / Second, / Third, / Fourth,

まず・最初に／次に・2つ目に／3つ目に／4つ目に

Firstly, / Secondly,

最初に／次に

Then, / Next,

その後、次に、それから

Finally, / Lastly,

最後に

結果を説明する

As a result,

結果として

Consequently,

結果として

Therefore,

したがって

In conclusion,

まとめると、結果として

In summary,

まとめると、つまり

The bottom line is that ...

要するに、最終的に

視点・考慮ポイント

Looking at it from a different point of view,

別の視点から見ますと

All things considered,

全ての点を考慮すると、全体的に見ると

話題を変える・そういえば

By the way, *S

ところで

Come to think of it, *S

そういえば、考えてみると

▶ **避けた方がよいフレーズ**

filler words

um ..., well ..., like ..., I mean, you know ...

これらは日本語の「えーっと」「あのー」「そのー」「えー」「やっぱり」のように、文章の「間」を埋める意味を持たない言葉です。頻繁に使うと、聞き手は内容に集中できなくなり、well の回数を数え始めてしまうことすらあります。また、考えがまとまっていない印象になり、発言の説得力にも影響します。少し考えたいときや、次の言葉が思い浮かばないときは、代わりに "Let me see ..." / "Let me think, ..."（そうですね…）を使う方がビジネスシーンにふさわしいです。

Q11

「英語はあまり話せませんが…」
は言わない方がいい？

着任当初、日本人の感覚でいう「英語はあまり話せませんが、よろしくお願いします」のつもりで "I can't speak English very well." と言っていましたが、極端に言うと「英語が話せないのでディスカッションする気がありません」というニュアンスで取られていた気がします。今でも現地法人と日本法人の橋渡しをする際に聞く言葉ですが、現地人の顔を見ると「はは、そうか…」と微妙な表情のときがあります。その正直さはいらないのでしょうか？

A | おっしゃる通り、そのような前置きは
　　　　特にビジネスでは不要です。

"I don't speak English well." や "I'm sorry about my poor English." といった言葉の背景には、「英語に自信がない」「会話のペースを乱して申し訳ない」「相手の期待値を下げておきたい」あるいは「速く話されると困る」という思いがあるかもしれません。その気持ちは分かります。

しかし、一般的に英語ネイティブの方々（中でも「英語が世界共通語」だと認識し、自らは外国語の習得に苦労した経験がない）が、このような発言から「ゆっくり、簡単な英語で話してくれると助かる」「それでもコミュニケーションを取りたい」というメッセージを読み取ってくれるとは限りません。むしろ、「私にはコミュニケーションの能力がありません（なのであまり期待しな

いでください）」と積極的なコミュニケーションを拒絶しているようにも捉えられてしまいます。さらに、もちろん非ネイティブの日本人に対して理解を示す人もいますが、「話せないならなぜ英語が必要な仕事をするのだろう？」と思う人もいるのが現実です。

ご質問にある、相手の「微妙な表情」は以下の反応である可能性があります。
○ "No, no, no, your English is good!" などと褒めないといけなくなる。
○ 「難しい話はできません」と断られているようで、深い話はできないと感じる。
○ 英語をうまく話そうという向上心が感じられない。間違っても許してと言っているように聞こえる。
○ 謝ることではないし、気にしないでほしい。

国や文化を越えて母語の異なる人が一緒に働く今の時代、共通語が英語であっても、相手が必ずしも英語のネイティブスピーカーとは限りません。現場では、さまざまな発音が飛び交い、文法が間違っている英語を耳にすることも少なくありません。例えば、インドの方々の英語には独特のアクセントがあり、日本人にとって「聞き取りにくい」という声を聞きます。筆者自身、働き始めの頃、インドの英語に触れる経験が薄かったため、慣れるのに時間がかかりました。しかし、彼らは自信を持ってどんどん発言・発信していました。他の国の人々も、それぞれの英語で積極的にコミュニケーションを取り、グローバルな舞台で活躍しています。周りもその意味での多様性を受け入れますし、お互いに「完璧な文法や発音の英語」は求めません。

もう一つ言えるのは、これまでの経験で、他人の英語に対して「あの人の英語はひどいものだ、変だ」などと馬鹿にしたり、笑ったりするのを耳にしたことは「一切」なかったということです。よく「このような話し方は古くさい」「ネイティブは言わない」などと恐怖心をあおる切り口でフレーズが紹介されることがありますが、そうやって紹介されている単語やフレーズの中には英語圏でも使われているものも多いのです。また、特定の国の英語を「正しい英語」として考えることには違和感を覚えます。「正しい英語」にとらわれすぎ

て自信をなくし、コミュニケーションを躊躇するのはもったいないことです。

したがって、はじめに「英語が下手です」などと前置きする言葉は不要です。もし相手の発言で聞き取れないところや、不明確なことがある場合は、その都度 Q4でご紹介したフレーズを使って確認してください。

どうしても一言断りたい場合は、以下のように言うのは問題ないでしょう。英語を上達させるために努力している姿勢が伝わります。

● **どうしても一言断りたいとき**

I'm studying hard, but I'm still a beginner.
一生懸命勉強していますが、まだ初心者です。

I'm still learning English.
まだ英語を勉強しています。

自信のなさの解決法は、練習を重ねて4つのスキル（speaking, listening, reading, writing）を上達させることに尽きます。時間がかかりますが、上達までの間にできることとして、周りがどう思うか気にするのをやめ、恐怖心やパニックになる瞬間をモチベーションに転換することです。あなたがコミュニケーションに前向きであれば、相手は自身の英語や話し方を調整して歩み寄ってくれます。

背筋を伸ばして真剣に話を聞く姿勢が!?

会議に出席した際、背筋を伸ばして真剣に話を聞いていたら、後々仲良くなった同僚にそのときの態度が高圧的で「自分が一番偉いんだぞ」と誇示しているように見えたと笑って言われた。よかれと思ってしたことがそんな風に捉えられていたとは！

アメリカに駐在／ゲートウェイさん

日本での「ボディーランゲージ」に対する解釈と価値観が lost in translation（翻訳の過程で重要な伝達事項が失われること）してしまったケースでしょうか。背もたれから離れて背筋を伸ばしていたのが少々硬いイメージだったかもしれません。また、前のめりになっているとアグレッシブ（攻撃的）な印象です。ミーティングの出席者やフォーマル度にもよりますが、アメリカだと日本と比較してカジュアルな姿勢で椅子に座る傾向があります。背もたれによりかかり、片方に寄った姿勢で座ることも（推奨はしませんが）割と一般的です。同等のポジションの人を見て、同じように振る舞うことをおすすめします。
以下に、lost in translation されやすいボディーランゲージを紹介します。

- **顔の前で手を振る**
  日本では「いえいえ」「そんなことありません」と謙遜や否定をするときに使いますが、その意味が伝わらず、目障りになってしまうことも。「さようなら」のジェスチャーと間違えられることもあります。
- **手や腕で○や×を作る**
  英語圏ではこのジェスチャーを使用せず、他の方法で yes / no を示します（例えば、アメリカでは yes = 頭を上下に振る、no = 横に振る）。
- **親指を立てる**
  日本やアメリカでは「やったね」"Great!" の意味ですが、中東やギリシャなどでは「くたばれ」に近い意味を持つと言われています。
- **ピースサイン**
  攻撃的な意味に捉える国もあります。イギリスやオーストラリアでは手の甲を相手に向けてピースすると失礼な意味になります。
- **OK サイン**
  親指と人さし指で円を作るポーズは多義的で、「お金」、「ゼロ」（フランス）、そして屈辱的な意味（ロシアなど）を表すことがあります。OK は世界的に OK ではない例です。
- **笑うときに口を隠す**
  口や歯を見せないようにするしぐさですが、英語圏では不思議に見えます。

海外任務経験者の方へのアンケートで、「インド人の方が首をかしげながら「アッチャー」（Yes.）と言うのが "Absolutely yes." の意だと気付くまでずいぶんと時間がかかった」という方もいらっしゃいました。国によってジェスチャーの意味が変わるケースの適例ですね。

Q12

日本と欧米文化の非言語的な部分でのズレとは？

日本では、自分の行動や態度の意図が相手に伝わっていたのですが、それが通用しないのを感じます。反対意見がないので案件を進めた結果、「そもそも賛成してない」とはしごを外されてしまったり…。
日本人が欧米文化の中で感じる、よくある非言語的なズレについて知りたいです。

A 日本人に通じる「以心伝心」は言語化を。
文化・個人の違いや多様性を考慮し、
常に「相手がはっきりと理解できる」ように
相手に合わせた適切なアプローチを。

国や文化が変われば「以心伝心」や「察すること」が通用しません。日本は他の国と比べるとまだ「多様性」が限られた国で、日本での「常識」が海外では通用しない可能性は大いにあります。そのことを理解するため、high-/low-context cultures と、文化の多様性の見える部分と見えない部分について考えます。

▶ High- and low-context cultures

異文化コミュニケーションとビジネスにおいて、high-context culture（ハイコンテクスト［高文脈］文化）と low-context culture（ローコンテクスト

[低文脈] 文化) のコンセプトの理解が重要です。日本はハイコンテクスト文化の国と言われています。ハイコンテクストとは、コミュニケーションを取る際にコンテクスト（文脈）に頼る傾向が強いという意味です。言葉で完全に説明しなくても、雰囲気、共通する文化や認識といった「非言語的要素」によって意図を伝えられます。「察する」「以心伝心」「暗黙の了解」はこのような日本独特の文化を表していると言えます。「コレはちょっとアレだよね」などで会話が成り立つことがありますよね。

一方で、英語圏では日本に比べてさまざまな文化や背景を持つ人が一緒に生活しているため、より直接的に言語化しないと伝わりません。「これは直接的には言いにくいし、言わなくても通じるかな」とは思わず、誤解やミスコミュニケーションを防ぐためにも明確に言葉にすることが大切です。

▶ 文化の「氷山」

文化が氷山に例えられることがあります。目に見えている部分はほんの一部で、氷山のほとんどは水面下に隠れています。見えている部分には言語、行動様式、アート、ファッションなどがありますが、水面下には価値観、伝統、常識、期待、リーダーシップの考え方などがあります。この水面下の要素が異なると、物事の認識や解釈にズレが生じることもあります。

Q12
非言語

さらに、一つの文化をひとくくりにすることも危険です。例えば、アメリカ人の中には「アメリカ人のイメージ」通りのような人もいれば、「私はどちらかと言うと日本人の多くの人に近い性格」と言って日本が居心地がいいアメリカ人もいます。実際の現場では全員が人それぞれだということは意識する必要があります。

さて、以上を踏まえて、——反対意見がないため案件を進めたら「そもそも**賛成してない**」と言われた——という例を見ていきましょう。

沈黙の意図の受け取り方に誤解があったケースです。確実でない理解を基に仕

事を進めるのは危険ですし、時間や労力のロスになり、関わっている人との信頼関係にも影響があります。防止策は、言葉で相手の意見や意図を確認することです。

●相手の賛成・反対の意思を確認する

I'd just like to confirm — is everyone in agreement to proceed with this?

確認をさせてください。このまま進めることに皆さん賛成ですか？

＊最初の部分は Just to double-check,（念のため確認ですが）でも置き換えられる。

Does anyone have any concerns? If not, we will proceed with this plan/project.

どなたか気になる点などはございますか？〈止まって周りを見る〉もしなければこのプラン／プロジェクトを進めます。

Am I correct that we can proceed with this?

このまま進めるということでよろしいですか？

Are we on the same page with this?

皆さん共通の認識でいますね？

＊ on the same page は「考えが同じで、同意して、同じ理解や見解をもつ」の意味。

近年、コミュニケーションはメールやチャットが多くなり、顔の表情や声のトーンなど、非言語要素に頼れなくなってきています。円滑なコミュニケーションや良好な人間関係を保つためにも、言葉で意図や意思を明確にすることは重要です。

▶ "Never assume."

上司から受けたアドバイスで、ずっと意識している言葉です。assume は「想定する、決めてかかる、当然のことと思う」の意味です。勝手に思い込んだり、想定の上で物事を進めてはいけない、というメッセージでした。「メールしたから相手は読んだだろう、内容は伝わっているだろう」「このまま進めていいだろう」は危険です。確認と明確化を。

✓ 自分の発言に対して誤解が生じたとき

I'm sorry. That wasn't what I meant.

すみません、そういう意味ではありませんでした。

That's not what I intended to say. I'm sorry if I miscommunicated my ideas.

そういう意図ではありませんでした。誤解させてしまったのなら申し訳ありません。

I'm afraid I did not explain it well enough.

恐れ入りますが、私の説明が十分ではなかったようです。

I mistakenly said that the meeting is on Friday, but it's actually on Thursday.

ミーティングは木曜日ですが、金曜日だと間違えて言ってしまいました。

Let me try explaining it in a different way.

別の言い方で説明させてください。

I'm sorry. I'll be more careful in the future.

すみません。今後気を付けます。

Q12 非言語

✓ 同僚に助けを求める（慣例を聞くなど）

I'm not too sure how to do/handle this. What would you suggest?

どのように（対応）すればよいかよく分かっていません。提案などありますか？

I need a bit of advice. What would you do in this situation?

ちょっとアドバイスをいただきたいです。このような状況で、あなたならどうしますか？

Q13

そのまま引きずるとまずい 日本の会社員文化は？

日本とは異なる仕事上の文化があると思います。例えば、差別に対して日本よりずっと敏感だということは、周囲を見ていて分かったことです。また、仕事終わりの飲み会など、日本での「付き合い」のような文化がなく、総じて家族・家庭を一番大事にするのがとても新鮮でした。他にも、日本の会社員文化と異なる慣習や考え方があれば知りたいです。

A
国や文化に働き方の傾向はあります。その上で、それぞれの職場の文化や業種、相手に合わせます。

確かに、その国特有の「ビジネス文化」は存在し、「○○な傾向がある」とは言えます。ただし、業種や組織によるところも大きく、個人のバックグラウンドや性格、優先順位の付け方によっても仕事の進め方は多様です。「○○（国）では皆○○だ」とひとくくりにはできませんが、ベースにある傾向や慣習を知って、その上で上司や仲間、クライアントに合わせていく必要があります。

●上司と部下の言葉遣い

日本語には「です・ます」「ございます」「御社・弊社」などの敬語や謙遜語があり、相手との関係性によって使い分けます。一方、英語では単語の選択や表現方法によって丁寧さや洗練されたニュアンス、気遣いなどを表現します。
日本では縦の関係性に重きが置かれ、それによって人の振る舞いも態度も変わ

る場合があります。例えば、上司には敬語を使って礼儀正しい態度をする一方で、後輩や新入社員には「タメ口」、ときに命令調で話すこともあります。一方で、英語圏では目上の人には高めの丁寧レベルに調整するかもしれませんが、年齢や立場に合わせて態度や話し方を変えるという習慣はないので、日本での感覚で口調を変えるより、皆に等しく丁寧な（そして同僚などにはフレンドリーな）表現を使うのがよいでしょう。

上司が仕事を依頼するとき、人によっては、"Yumi, I need you to ... Can you handle that?"（ユミ、…してもらいたいのだけど。対応できるかな？）のように、ストレートな言い方をします。しかし、お互いに信頼関係があれば、威圧感やプレッシャーを与えることなく、部下は自然に受け入れます。

●称賛する文化

欧米には部下やチームを称賛する文化があります。ミーティングの場や、同じ場所にいなくてもメールにCCを入れて「皆の前で」以下のように人を評価することがよくあります。

Erika did a phenomenal job with the presentation!
エリカのプレゼンは大変素晴らしい出来でした！

A special shout-out to Alice for all her support with the analysis!
分析の作業に協力してくれたアリスに特に感謝を述べます！

褒めるときの言葉もさまざまです。

Good/Great job with the presentation!
プレゼンよかったですね！
＊何かを達成・成功したときに使う。日本語の「お疲れ様！」のニュアンスで使われる場合も。同僚や部下、親しい相手などに使うが目上には使わない。

Hats off to Jeff for ...

ジェフの…に脱帽です

＊敬意や称賛を示すときに帽子を取るしぐさに由来。

A shout-out to Rika for ...

里香の…に感謝を表明します。

＊公の場で感謝や称賛を述べるときに使う表現。

Kudos to Janet!

ジャネットに称賛を！

＊kudos は「名声、栄光」を意味するギリシャ語に由来している。Congratulations! に近いニュアンス。

●称賛を受け止める言葉

褒められたとき、日本人はつい謙遜のつもりで自分を卑下することがありますが、英語圏では称賛を素直に受け止め、うれしい気持ちや感謝を伝えます。

Thank you. It's nice of you to say that.

そう言っていただけるなんて、ご親切にありがとうございます。

Thank you. I'm glad to hear that.

ありがとうございます。そう言っていただけてうれしいです。

Thank you for your kind words!

優しいお言葉をありがとうございます！

ただし、これも「欧米の会社だから」とひとくくりにできず、企業によっては「褒める文化」が強くない場合もあります。部下への接し方には個人差もあるでしょう。

●質問や意見は歓迎される

日本では、会議で質問や議論になるような意見は必ずしも歓迎されないことがあります。「和」を乱すような発言・質問や目上に逆らうような発言は避ける、

場の空気を読み、目上の意図を察し、根回しをする、という環境です。

しかし、筆者が外資系企業で働き始めたばかりの頃、「ミーティングに出席しても、座っているだけでは存在しないも同然」と言われたことが強く印象に残っています。同じ頃、もう一つ影響を受けた言葉が "agree to disagree" です。直訳すると「反対の意見を持つことに賛成する」つまり、お互いに異なる考え方や意見を持つことを認め、思考の多様性を受け入れる姿勢の大切さを表した言葉です。どちらが正しい・間違っていると言うわけでも、議論の「勝ち負け」があるのでもなく、自分の意見を持ちながらも、他の人の意見を受け入れるということです。

"devil's advocate"（悪魔の代弁者）というコンセプトもあります。ミーティングで議論を活発にするためにあえて異論・反論を言うことです。検討・解決すべき点に気付くきっかけを提供し、建設的な話し合いに導くことが目的です。このような前置きで始まります。

Let me play devil's advocate ...
あえて異論を言いますが…

I may be playing the devil's advocate, but ...
「悪魔の代弁者」になるようですが（反対意見を言うことになりますが）…

Let me play devil's advocate for a minute.
ちょっとあえて異論を言わせてください。

異なる意見が歓迎される職場では、多様な考え方・アイデアがあるからこそ新たな発想、学び、改善点が得られる他、さまざまなアイデアが活かされる inclusive（誰かと排除しない、包摂的な）な環境は働きやすいという面もあります。質問や異なる意見は、「貢献」する一つの方法なのです。

● 日本の「付き合い」文化

日本では飲み会や忘年会など、仕事が終わっても会社の人との付き合いがあり、接待など仕事の一部が業務時間外にあります。一方で、英語圏では仕事関

係の人と飲み会へ行く「付き合い」のような文化はなく、仕事が終わったら家族や友人、パートナーあるいは自分の時間を過ごします。同僚とちょっと飲むことはありますが、人間関係が構築されてからです。日本のドラマで、接待でお酒を飲みながら重大なディールを決めるシーンがありますが、英語圏ではそのような習慣はありません。

休暇の取得も各自の権利という認識で、仕事を休むことに後ろめたさは感じません。他の国や文化の人と仕事をする場合は、お互いの祝・祭日を把握し、尊重します。例えば "Let's reschedule next week's call because that would be during the Golden Week holidays in Japan."（来週の電話会議は日本のゴールデンウィークと重なるのでリスケしましょう）と言ってくださることがあります。

●海外に残業はない？

日本では "presentism"（存在すること）つまりオフィスに長時間残る姿が評価される傾向にあります。昨今はリモートワークが普及し、その傾向も変わりつつありますが、組織によっては対面でコミュニケーションをすることへの価値観はなかなか変わらないようです。対して欧米では、効率を重視します。勤務時間を超えてオフィスに残っていると、効率よく時間を使えていないと思われる可能性があります（繁忙期や海外とやりとりがある場合はその限りではありません）。

「ある程度英語に自信があるビジネスパーソンにこそ、丁寧な英語を学んでほしい」

勤め先や、英語教育に携わる方々からこのような話を聞きます。「帰国子女や留学経験者の英語はくだけている傾向がある」という声も、今まで話してきた英語をそのまま仕事で使って、特に何も指摘されず、伝わるから使い続けているケースと考えられます。しかし、話し方で、その人の教養や育ち、品性などが瞬時に判断されると言っても過言ではありません。くだけた英語と丁寧な英語の差は、日本語に置き換えてみるとよく分かります。

〈A さん（上司）と B さん（部下）の会話 before & after〉
B さんの話し方の「カジュアルで少し幼稚」に聞こえる箇所を太字（黒）にしています。下の色が付いた太字は、丁寧にした言い回しの例です。

* *

A: How are things going with the presentation materials?
プレゼン資料作りの調子はどうですか？

B: It's **like taking forever**. **I mean, geez**, I've been up **till like** 2:00 a.m. working on it every night this week.
もう、**永遠と時間かかってるって感じ**。っていうか、**マジで**、今週は毎日午前 2 時くらいまで作業してる**って感じなんだけど**。
It's taking a long time. I've been up late working on it every night this week, but I'm still unable to finish it.
とても時間がかかっています。今週は毎日夜遅くまで作業しているのに、まだ終わりません。

A: I see. I hope you can get it done soon. If you need any help with reviewing the final draft, please feel free to let me know.
そうなのですね。早く終わりますように。最終ドラフトのチェックをお手伝いできるようでしたら気軽に声を掛けてくださいね。

B: That'll be, **like, sooo** helpful!   **っていうか、それ超助かる！**
That would be extremely helpful!   それはとても助かります！

A: By the way, when is the actual presentation?
ところで、実際のプレゼンはいつですか？

B: It's next Wednesday. I'm **like so** stressed out and just **wanna** get it over with.
来週の水曜日です。**なんか**すごいストレスで、ただ終わらせたい**って感じ**。
It's next Wednesday. I'm quite stressed out about it and hope I can get through it somehow.
来週の水曜日です。かなりストレスを感じていて、なんとか乗り切りたいところです。

* *

カジュアルな英語を卒業するには、言葉の短縮形、カジュアルな表現やスラング、filler words（p. 87 参照）を使わないことです。スピーチやインタビュー、映画、TED Talks などでさまざまな人の言葉遣いに意識を向けてみてください。そして、いいと思う role model ー「お手本」のマネをして、練習してみてください。いいお手本がみつかりますように！

Q14

どんな話題がタブーなのか
事前に知っておきたい！

コミュニケーションで地雷を踏みたくない、とにかくハズしたくないという気持ちがあります。何がダメなのか分かっていないと、発言に消極的になってしまうので、先に「ダメなこと」が知りたいです。まず、話すと失礼になること、出さない方がいい話題から教えてください！

A | **悪気がないとしても、相手の経験や背景によっては
不快にさせてしまう可能性のある話題・発言が
あります。**

話のきっかけとして、あるいは相手のことを知りたくて投げかけた質問が、相手を不快な思いにさせてしまった、場の雰囲気を悪くしてしまった…。そのような状況を避けたいという気持ちを持つのは大切です。日本では「よく出る話題」や「気軽に聞く質問」であっても、海外でも同じとは限りません。さまざまなバックグラウンドを持つ人がいる環境では、その話題に対する考え方や捉え方が異なります。特にビジネスの場面では、プライベートに踏み込む話題や、議論を巻き起こしそうなトピックは避けます。

以下に、避けた方がよい話題を挙げ、そして言葉を選ばないと失礼になる質問や発言の言い換え例をご紹介します。

●**仕事の詳細、給料、収入について**

× **What's your job?**

　仕事は何ですか？

相手のことを知るきっかけとして、仕事について聞くことはよくあります（例はQ7参照）。ただ、上の表現は直接的すぎます。以下のような聞き方は相手に配慮していて問題ないでしょう。

If you don't mind my asking, what kind of work do you do?
差し支えなければ伺いたいのですが、どのようなお仕事をなさっているのですか？

収入や給料について聞くことは避けましょう。

× **How much do you make?**

　いくら稼いでますか？

　＊ "make xx dollars" "make a salary" という言い方からくる表現。直接的に salary や money という単語が
　　入っていなくても、稼ぎについて聞いている。

× **You must make a lot of money.**

　たくさん稼いでいるのでしょうね（お給料は高いのでしょうね）。

●**容姿について**

× **You have such a small face!**

　顔が小さいですね！

日本では相手を褒める意味でこう言いますが、他の国ではどう受け取られるか分かりません。顔が小さいことが特によいことだとされていない場合は、不思議に思われます。さらに、容姿に関する発言は、実は相手が気にしていること

だったり、偏見と取られたりする可能性があります。例えば、「スリムですね！」の一言も、相手はその体型を気にしていたり、健康上の理由があったりするかもしれません。また、仕事をする間柄で、容姿に関してコメントすること自体を不快に思う方もいるかもしれません。

女性同士で洋服や持ち物に対してポジティブなコメントを言い合うことがありますが、異性に対して言うことは避けた方がよいです。服装などに関して褒めたりコメントをすることは「間違い」ではないですが、少しでも誤解を与えたり相手が対応に困る可能性がある状況は避けます。

●住まい、住所

✕ Where do you live?

どこに住んでいますか？

具体的にピンポイントな場所を答えないといけないようで、個人情報を聞いているように思われる可能性がありますし、相手に配慮がなく、回答を避ける余裕も与えない聞き方です。住む地域に関しては、次のような曖昧で大雑把な答えができる聞き方が無難です。

Which part of the city do you live in?

どの辺にお住まいですか？

Do you live close to the office?

オフィスからは近くにお住まいなのですか？

How do you get to work?

職場にはどうやっていらっしゃるのですか？

＊日本の場合は、大体鉄道の路線で答え（"I take the Marunouchi Line."）、アメリカの都市の場合は
　鉄道や主要道路などで答える程度（"I take the I-25 into town." など）でよい。

● 出身地・国籍

× **Where are you from?**

どこから来たのですか？／出身はどこですか？

× **Where were you from before you came to the United States?**

アメリカに来る前はどこにいたのですか？

＊相手が移民・外国人だと決めつけている。

"Where are you from?" は、相手に興味を持って悪気なく聞きたくなるかもしれません。しかし、国によってはさまざまなバックグラウンドを持つ方がいます。例えばアメリカには、外見がアジア人に見える方でも、生まれも育ちも国籍もアイデンティティーもアメリカ人という方も大勢います。外見で「アメリカ人ではないのだろう」と思い込んで "Where are you from?" と聞くと、その人は不快な気持ちになるでしょう。また、この質問自体がプライバシーに踏み込んでいて失礼だと感じる方もいます。

× **Are you American?**

アメリカ人ですか？

外見やアクセントから判断しても、カナダ人かもしれませんし、アイデンティティーや国籍はアメリカではないかもしれませんし、直球な質問で失礼です。

筆者の場合は、よくラストネームについて "Where does the name 'Vardaman' come from?"（バーダマンはどこからきた名前？）と聞かれます。間接的に出身地や国籍を尋ねているのかもしれません。確かに珍しい名前で、そのような質問に慣れていますし、ほとんどの場合、相手が私のことをもっと知りたいと思ってくれていると感じるため、特に不快な思いはなく答えます。また、相手から出身地を教えてくれた場合は、自身も同じように出身地を答えることが多いです。そこでお互いの情報の共有が行われ、関係構築にもつながります。

●人種的なこと

× Are you a "half" or "mix"?

ハーフかミックスですか？

× You're black, so you must be good at sports and making music.

黒人の方なので、スポーツや音楽作りがお上手なのでしょうね。

日本ではハーフかどうかなどを気軽に聞く印象ですが、「人種」や「ルーツ」は個人的なことですし、差別的に受け取られることがあるので避けましょう。肌の色でイメージを決めつけるのはもっての外です。

●国籍でひとくくりにすること

× We Japanese...

我々日本人は…

日本語でも英語でも耳にする表現です。日本とその文化について説明する意図があるのかもしれませんが、この言い方は相手を不快にさせてしまう可能性があります。「（あなた方とは違って）私たち日本人は…」と言っているような、「相手とは違う」「相手はよそ者」と区別しているような印象です。「日本人は皆が○○だ」とひとくくりにすることも問題です。ポジティブなことを述べる場合は、傲慢に聞こえる可能性もあります。日本人や文化のことを説明するときは、以下のような表現の方がよいでしょう。

× We Japanese prioritize "wa," or harmony, among groups.

我々日本人はグループ内の「和」つまり調和を優先します。

↓

Japanese people prefer avoiding conflicts in groups.

日本の人々は、グループ内の対立を避ける方を好みます。

× **You Americans ...**

アメリカ人は…

× **I like Americans.**

アメリカ人が好きです。

"We Japanese" 同様、「あなた方アメリカ人は○○です」と決めつけるのも、偏見を含み差別的に捉えられる可能性があります。後者はポジティブなコメントに聞こえますが、「アメリカ人」とひとくくりにしてしまっています。

●政治関連

× **Are you a Democrat or a Republican?**

あなたが支持する政党は民主党ですか、それとも共和党ですか？

× **Do you support the president?**

大統領は支持しますか？

× **How do you feel about the abortion issue?**

人工妊娠中絶についてどう思いますか？

× **What do you think about China?**

中国に対してどう思いますか？

× **Do you own a gun?**

銃は持っていますか？

支持する政党や政治に対する考え方の相違によって、人間関係や家族関係が崩れてしまうこともあるほど難しい話題です。銃規制、人工妊娠中絶など賛否が分かれる話題も避けます。話の流れでたまたま政治関係のことが話題になったような場合は、以下のように意見をオープンで曖昧に聞くのはセーフです。しかし、この話題については自分から切り出さないのが無難でしょう。

What do you think about the election?

選挙についてどう思われますか？

What do you think are the most important issues?

最も重要な問題は何だと思いますか？

● 宗教

× Are you a Christian?

クリスチャンですか？

× What religion do you belong to?

どの信仰ですか？

× Don't you belong to a religion?

信仰はお持ちではないのですか？

× Do you go to church?

教会へは行かれますか？

× Do you believe in God?

神を信じていらっしゃいますか？

政治と同様、センシティブな話題です。

● 血液型

× What is your blood type?

血液型は何ですか？

× You seem like a "blood type B" person. Is that your blood type?

あなたは B 型っぽいですね。血液型は B 型ですか？

「血液型占い」や「血液型による性格判断」が一般的に知られている日本では気軽に血液型を話題にすることがありますが、多くの国では「血液型占い」などのコンセプトがなく、人に知らせる習慣もないため、驚くかもしれません。「血液型なんて分からない」（実際、知らない場合も）と思う可能性もありますし、プライベートな情報という意識で、失礼だと感じる人もいるでしょう。

●家族構成

× Are you married?

結婚なさっていますか？

× Do you have any children?

お子さんはいらっしゃいますか？

特に初対面では家族構成、結婚歴、子供やパートナーの有無などについての質問は避けた方がよいでしょう。個人的なことですし、聞く必要がありません。相手が話の流れで「今週末は子供のバスケの試合があって ...」などと話題を持ち出したのであれば別ですが、自分からは聞かないのがベストです。

●日本に来ている人への質問

外国から日本に来た方にそのきっかけを聞くことで、相手のことをもっと知り、話が広がることがありますが、尋ね方に気を付けましょう。テレビで外国人に以下のように聞くことがありますが、警察の取り調べや入国管理官の質問のようで、ぶしつけに聞こえてしまいます。

× Why did you come to Japan?

なぜ日本に来たの？

Q14 話題

代わりに以下のように聞くと丁寧です。

What brought you to Japan?

どのようなきっかけで日本にいらっしゃったのですか？

＊ If you don't mind my asking ... を文頭に添えるとより丁寧。

以下も、日本にいることに関し、避けた方がいい質問です。

× **Can you speak Japanese?**

日本語は話せますか？

× **Can you eat Japanese food?**

和食は食べられますか？

× **Do you like Japan?**

日本は好きですか？

このような質問も、悪気がなく、相手に興味を持ってのことかと思いますが、相手のバックグラウンドを考慮せず外見やイメージだけに基づいた質問のように聞こえます。相手は日本生まれの日本育ち、もしくは日本在住歴が長い可能性もあります。「外国人は洋食を好んで和食は食べないだろう」という前提も、偏見を含む印象です。

日本に10年以上住むアメリカ人の友人も、"I get 'Nihongo ga o-jouzu desune!' a lot. It's usually followed by 'Can you eat natto?'"（「日本語お上手ですね！」はよく言われる。その後は大体決まって「納豆食べられますか」がくるよ）と言っていました。言われた相手はイメージを決めつけられた気持ちになるかもしれませんし、納豆を食べられるかを知ってどうするのか、日本人でも納豆が苦手な人はいるのに、などと思っているかもしれません。

▌Key Point

When in doubt, don't say it.

言うか言わないかの基準は、「迷ったら言わない」ことです。最初は、「これは聞いていいことかな」「人種差別にあたるのかな」と少しでも思うのであれば、言わない方が安全です。そもそも、本当にどうしても言う必要があるでしょうか。そう考えたら、その話題には触れず、別の話に進んだ方がよいでしょう。

どんなことを話のきっかけにするとよいかについては、Q7も参考になさってください。

失礼な質問や不快なことを聞かれたときの対処法

自分が失礼な質問をされたり、相手にとっては無意識であっても偏見や差別を含むことを言われたりする可能性もなくはありません。その場合、直接的に "I don't want to answer that."（それは答えたくありません）などと反応すると、その場が気まずくなったり、人間関係に支障をきたしたりするかもしれません。以下のフレーズを柔らかい表情で言えば、気まずさは軽減できるでしょう。

⊘ 丁寧な断り方

I'm sorry, but I don't feel comfortable answering that question.

恐れ入りますが、その質問にお答えするのは避けたいと思います。
＊答えることに対して「心地よくない感覚」「不快感」があることを含むニュアンス。

I'm afraid I'd rather not answer that question.

恐れ入りますが、その質問はお答えを控えたいと思います。

⊘ 少々強めの言い方

I'd rather not discuss that.
I'm not interested in discussing that.

そのことについてはお話ししたくありません。
＊若干強めだが、失礼にはならない。

Let's change the subject.

話題を変えましょう。

Q14
話題

失礼な質問がマナー違反だと気付かせるように、以下のように返すこともあります。

Why do you ask?

どうして聞くのですか？

Is that really important?

それはそんなに大事なことですか？

Q15

便利な日本語「お世話になって
おります」は英語で!?

会話でもメールでも便利な言葉「お世話になっております」や「よろしく
お願いします」にぴったり当てはまる英語がありません。頭に浮かんだ日
本語のセリフをどう英語で言えばよいか考えてしまいます。

A | まず、「日本語の表現を英語で(訳して)
| 置き換える」という考えを取り払います。

日本のビジネスシーンで使う言い回しの中には、英語に直訳がないものがあり
ます。日本語と英語の表現が必ずしも一対一で対応しているとは限りません
(本書の日本語訳も、直訳だと不自然になるため意訳を記しています)。ポイン
トは、「頭に浮かぶ日本語を英語に置き換えようとするのをやめる」ことです。

また、単語一つをとっても、日本語の発想のまま英訳すると伝えたいことが
思った通りに伝わらないことがあります。英語独特のニュアンスを意識し、ふ
さわしいシーンを理解して、できるだけ「英語の感覚のまま」使うことが重要
です。以下に、日本語から発想の転換が必要となる表現の例を紹介します。

● 「お世話になっております」
英語に直訳はなく、このような決まり文句を言う習慣もありません。メールで
も、これにあたる書き出しは不要です。「お世話になっております」に相当す
る一言を言わなくてはと思わずに、その時々に合わせた柔軟な対応をします。

Thank you for your reply.
お返事ありがとうございます。

I'd just like to follow up on ...
…について状況の確認（進捗の報告）をしたく存じます。

Thank you for taking the time to meet with us yesterday.
昨日は打ち合わせのためにお時間をいただきありがとうございます。

Thank you for your assistance in this matter.
この件でご協力（ご支援）いただきありがとうございます。

It's always a pleasure doing business with you.
お仕事でご一緒できることを（お取引できることを）いつもうれしく思っております。

I'm sorry to have taken your time, but I really appreciate your help.
お時間を頂戴してしまい申し訳ございませんでした。ご協力いただき本当にありがとうございます。

● 「よろしくお願いいたします」

こちらも直訳が英語にないため、相手と場面に合わせてカスタマイズします。

[挨拶や自己紹介で一言添えるとき]

I look forward to working with you.
一緒にお仕事ができるのを楽しみにしております。

＊意味は違うが、「今後ともよろしくお願いいたします」のニュアンスで使える。

[メールで返事がほしいとき]

次につながる前向きな文で終わらせます。

I look forward to hearing from you.
お返事をお待ちしております。

I hope to hear from you soon.
早めにお返事をいただけますと幸いです。

＊急かしているニュアンスではなく、スタンダードな締めのフレーズ。

[会う約束があるとき]

I look forward to meeting with you.
お会いできるのを楽しみにしております。

＊ meeting with you または seeing you は再度会うときに、meeting you は初めて会うときに使う。

● 「お疲れさまでした」

仕事が終わり退社するときなら、別れ際の挨拶が使えます。

52

See you tomorrow.
また明日。

I'll see you tomorrow.
それでは、明日。

I hope you have a nice evening.
よい夜をお過ごしください。

＊仕事場から帰るときに使えますが、See you tomorrow. の方が使う頻度が高い。
＊ Good night. は、一日の終わりに使われる別れの挨拶。

I hope you have a great weekend!
よい週末を。

＊ great を nice, wonderful などに変えてもよい。

プレゼンなど、何かを達成した後であれば、ねぎらいの言葉を掛けます。

Congratulations on a great presentation!
プレゼン素晴らしかったですよ、お疲れさまでした！

Great job on your presentation!

いいプレゼンだったね！

＊親しい相手、または上司が部下に言う。

Thank you for helping out today.

今日はお手伝いいただきありがとうございます。

Great job! / Good work!

いい仕事をしたね！

＊どちらかというと目上の人が言う表現。

職場の廊下ですれ違って「お疲れさまです」と言いたいときは、時間帯に合わせた挨拶の言葉で置き換えられます（**Hello. / Hi. / Good morning. / Good afternoon. / Have a good evening.** など）。個人的な感覚では、ほとんどの場合、朝は "Good morning."、それ以降は "Hi." が多い印象です。

● 「検討します」

「検討します」は、その場での回答や決定を避けるとともに、「現時点でやや no」の意味合いを含みます。一方、英語で "I'll think about it." と言っても、ただ「考えます」と受け取られ、いい返事を期待させてしまうかもしれません。同様に、「（その件は）持ち帰ります」もそのまま英訳しても通じません。簡単に結論を出せないので熟慮したい、上司と相談したい、という旨を以下のように伝えます。

I will think it over and get back to you.

よく考えてからご連絡（ご回答）いたします。

I'll discuss this with my manager/team and get back to you.

マネジャー／チームと確認して折り返しご連絡いたします。

I'd like to think about this a little further.
これについてはもう少し考えたいです。

I'm afraid I need some more time to think about this.
申し訳ございませんが、もう少し考える時間が必要です。

Can I get back to you on this next week?
この件については来週お返事してもいいですか?

Could you let me think this over for a day or two and get back to you?
1〜2日ほど考えてからお返事してもよろしいでしょうか?

I'm afraid I can't answer right now, but I will confirm with my manager and get back to you.
申し訳ないのですが、今すぐはお返事できかねます。マネジャーと確認後、ご連絡いたします。

● 「難しいです」

何かを断りたいとき、日本語では角が立たないように「難しいです」と婉曲的に言うことがあります。しかし、これを "That would be difficult." と直訳しても、文字通りに受け取られ、人によっては「難しいけれど頑張る」「簡単ではない(が不可能ではない)」と前向きな返事と捉えられる可能性があります。ビジネスでは、曖昧なまま相手を迷わせたり誤解させたりしてしまうのは危険です。できないことはできないと明確に伝える必要がある一方で、相手への気配りも大切です。ここでもクッション言葉を使います。

I'm afraid we won't be able to do that, because ...
恐れ入りますが、…の理由で、できかねます。

I'm really sorry, but we just can't do that.
大変申し訳ないのですが、それはどうしてもできません。

I'm afraid it's impossible.
申し訳ありませんが、それはできません。

● 「つまらないものですが…」

日本語でも「心ばかりですが」などの表現が使われるようになってきましたが、英語では贈り物を渡すときはポジティブな表現を使います。「つまらない」という卑下ではなく、「ちょっとした」という意味で little を使うこともあります。

This is for you.
これはあなたに差し上げます。／これをどうぞ。

I hope you like it.
気に入っていただけたらうれしいです。

Here's a little something from Osaka.
ちょっとした大阪土産です。

I found this in Osaka and thought you would like it.
これを大阪で見つけて気に入っていただけると思いました。

I found this at a souvenir shop in Hawaii and thought of you.
ハワイのお土産屋さんで見てあなたのことを思いました。

日本語の、一言でさまざまな場面をカバーできる表現は便利ですよね。英語では場面に合わせ、かつ具体性を持たせないといけないため頭を使いますが、「英訳」をやめて、そのとき伝えたいメッセージが何なのかを意識しましょう。

Q16

日本で使っていたビジネス用語
の意味が違う!?

半分日本語になった英語こそ、意味の捉え違いをしていることがあると痛感しました。例えば discussion（議論）という言葉。赴任先でdiscussion をして、なんの結論もなく議論がとっちらかって終わったので「で、結論は？」と聞くと、「結論をまとめるのは decision making だよ」と言われました。そういった意味の捉え違いをしやすい語を知りたいです。

A | 日本でカタカナ語になっている単語は
使い方にズレが生じているものも。
現場で少しでも疑問に感じたら確認します。

理解のすれ違いや曖昧さを残して仕事を進めることは危険ですし、信頼関係にも影響します。カタカナになった、日本でも使うビジネス用語も、ミスコミュニケーションに陥るわなの一つ。カタカナ語は英語の言葉を「借り」ながら、英語とは意味が異なる場合があります。キーワードを予習できていればいいのですが、このような単語は現場でいきなり飛び込んでくるもの。もし少しでも疑問に思ったら、"Never assume." —— 思い込まずに速やかに確認しましょう（理解を確認するときのフレーズは Q4参照）。以下に、カタカナ語と英語でニュアンスが異なる例をご紹介します。

●ディスカッション
英語の discussion は「決断を下すため」または「意見や案をシェアするため」

の議論を意味します。後者の目的の場合はその場で結論は出ませんが、出た意見が考慮されます。"Let's brainstorm ideas for ABC." と言って、ブレーンストームのためのミーティングをすることもあります。

日本のビジネス文化では、会議の前に関係者に根回しがされ、すでに結論が出ていて、会議で意見が出ても結論には影響がないことがあります。英語圏では、decision maker（決定権者）がいるとしても、独断で決めるわけではなく、上がった意見を考慮し総括する形で結論に向かうのが理想です。その場で議論がまとまらない場合も、結論までのプロセスは共有され、参加者の声は考慮されます。

●レビュー

日本語の「レビュー」は「見ておく」「目を通す」といった意味で使われる印象です。一方で、英語の review はより責任を伴い、内容を把握した上でのフィードバック、変更点の連絡、承認などのアクションが関わります。review は次のような場面で耳にします。

Could you please review the document and let me know if any changes are necessary?

書類に目を通していただき、変更が必要な点があれば教えていただけますか？

Please review the agenda before the meeting.

ミーティングの前にアジェンダを見ておいてください。

＊目を通し、内容を把握すること。

Let me review the proposal before you finalize it.

企画書を最終版として確定する前に私にレビューさせてください。

＊注意深く読み、必要であれば修正や変更をすることが含まれる。

●チャレンジ

日本語では「挑戦」を意味しますが、英語の動詞の場合は意味が異なります。

○ （どちらが能力や強さで優れているかを判断するため）人に競争や試合などで挑戦する、何

かをしようと挑戦する、あおる
○ 事実や正当性に疑問を提示する、異議を唱える
○ 仕事や学問などが意欲をかき立てる、奮起させる

We should avoid any behavior that challenges his authority.
彼の権威に疑念を呈すような行動は控えましょう。

A news reporter challenged the politician to explain the reason for his statement.
報道記者は政治家に対して、発言の理由を説明するよう迫りました。

日本語の前向きな「チャレンジする」と似た「挑戦・大きな仕事を引き受ける」の意味で take on a challenge や take up a challenge という表現を使うことはあります。また、「チャレンジする」は try to ...（…しようとする）や aim to ...（…することを目指す）を使って表現することもできます。

I'm going to try to set a new personal record.
I'm aiming to set a new personal record.
自己新記録達成にチャレンジする。

●クレーム

「クレーム」はカタカナ語です。同じ意味を英語で言うなら complaint を使い、動詞は complain です。claim は英語にもある単語ですが、「主張する」の意味で、主に動詞として使われます。

「お客様が不良品に対してクレームを言った」
× The customer claimed about the defective product.
× The customer said a claim about the defective product.
○ The customer complained that the product was defective.
○ The customer made a complaint regarding the defective product.

●サービス

日本語では「無料」や「無償」の意味で「サービス」と言うことがありますが、英語では「奉仕・業務」を意味します。「無料」は free of charge / free / no charge / without charge などを使います。

Delivery was free of charge.
配送はサービス（無料）だった。
I got it for free. / It was free. / There was no charge.
無料だった。

●リストラ

restructure および restructuring に由来し、日本語ではほとんどの場合「解雇」「クビ」の意味で使われますが、元の英語は、「再編成」「再構築」「構造改革」などを意味します。「人員削減」は、staff reduction, downsizing と言います。

Staff reduction is a part of corporate restructuring.
人員削減は企業再編の一つの要素です。

The market crash led to downsizing in the industry.
マーケットの崩壊により業界で人員削減が多発した。

以下も、カタカナ語と英語にギャップがある例です。

アンケート　survey / questionnaire
コンセント　outlet / electrical outlet / plug
サイン　signature
＊（手書きの）署名のこと。autograph は（有名人の）サイン。
＊英語で sign は「標識」「看板」「兆候」の意味。
ノートパソコン　laptop / laptop computer
メール　email / e-mail
＊ mail は郵便を指す。

Q17

日常英会話で聞かない語彙が
たくさん出てくる！

日常英会話では使わない言葉がたくさん出てきて最初はついていけませんでした。日本でも普段の生活では聞かないが、仕事で使うような言葉（例：遵守、規定、決裁）は、覚えておくと会議などについていけるようになるのではと思います。仕事で使う言葉を効率的に習得するコツはありますか？

A 「① 自分の仕事に直結する用語、② ビジネスに適した単語や言い回し」の優先順位で「すぐ必要ですぐ使える」英語から勉強するのがおすすめです。

ビジネスの現場で触れる英語は、日常の英語、教材の英語、映画・ドラマの英語とは別物です。語彙や言い回し、丁寧度、話すスピードなどが違うため、勉強した英語と実際に見聞きする英語にギャップを感じるかもしれません。

まず優先すべきなのは、仕事に直接必要なボキャブラリーを早めに身に付けることです。現場で円滑に仕事を進めるには今日、明日使う言葉や用語、略語、頭文字語を把握する必要があります。業界、職業、組織の特殊な単語や用語は仕事の中で触れていけば意外と自然に身に付くものですが、少しでも多くご自身で「その仕事特有の言語」に触れておきたい場合は、所属の企業や同業他社の英語サイトで勉強することをおすすめします。関連分野やニュースに関する記事や動画があり、その業界で使う単語や表現に多く触れられます。

次に身に付けたいのは、ビジネスに適した単語や丁寧な言い回しです。発信したいメッセージが優れていても、言葉の選択や表現方法で「幼い」「教養がない」印象になり、説得力や信頼性を下げるのはもったいないことです。ビジネスで「複雑で濃い内容の話をする」「クライアントや役員レベルの人と会話をする」などの場面では、フォーマルで失礼のない話し方をする必要があります。特にデリケートな話題や、相手に不都合なことを伝える場面では、適切な言葉とトーンを使わなければいけません。そこまで緊張感のある場面でなくとも、言葉の選択に気を配ることで伝わり方や印象が変わります。

● ビジネスに適した「格上げ単語」にアップグレードする

普段使う英語を、より洗練されたビジネスにふさわしい英語に「格上げ」することで、効果的なコミュニケーションが取れるようになります。また、日常英会話で2、3語使うところを「格上げ」した英単語1語で表現すると、文章が簡潔になるだけでなく、具体性が増す場合もあります。普段の仕事で使える「格上げ単語」の一部をご紹介します。

make clear, explain more clearly → **clarify**

はっきりさせる／より分かりやすくする → 明確にする

Thank you for clarifying that point.

その点について明確にしていただきありがとうございます。

show → **illustrate**

示す → 例示・図・比較などで説明する

This example illustrates how technology could improve the efficiency of the hiring process.

この例はテクノロジーが採用プロセスの効率化に役に立つことを示しています。

look at ... → **examine**

…を見る → （何かをよく知るために）よく見る、詳細に調べる、分析・研究する

The latest research examined the impact of messenger tools on workplace communication.

最新の調査は、メッセージツールの職場のコミュニケーションへの影響について分析しました。

promise → **commit (to)**

約束する → コミットする、責任を持つ、尽力すると明言する

Our company is committed to supporting the local community through fundraising, volunteering, and enhancing relationships with people.

当社は募金活動、ボランティア活動、人と人との結びつきを築くことを通し、地域社会を支援することに力を入れています。

give [a speech / presentation] → **deliver [a speech / presentation]**

スピーチ／プレゼンする → スピーチ／プレゼンを行う

The guest speaker delivered a powerful speech that resulted in a round of applause at the end.

ゲストスピーカーは心に響くスピーチを行い、最後は拍手喝采であった。

grow → **develop**

大きくなる → 発展する

His side business eventually developed into a large-scale global enterprise.

彼のサイドビジネスは、やがて大規模なグローバル企業へと発展した。

realize, recognize → **appreciate**

分かる／認める → 理解する、正当に評価する、受け入れる

I appreciate your opinion, but in this case, I believe that we should proceed with the current plan.

ご意見は尊重いたしますが、今回については元のプランで進むべきだと思います。

problem, matter → **issue**

問題 → 問題

The department needs to address the issue of excessive overtime work.

その部署は過度の残業という問題に取り組まなければなりません。

about → **approximately**
くらい → おおよそ

The training session is scheduled to last approximately one hour.
研修は約一時間程度かかる予定です。

"Less is more."（少ない方がより豊かである）という表現がありますが、文章においても同じです。Wordy（冗長）になると、一つ一つの言葉が効果とパワーを失い、文章全体としても明瞭さに欠けます。短く簡潔にするとインパクトが増し、メッセージがよりクリアかつ効果的に伝わります。

ただし、どのシーンでも格上げ単語に置き換えればよいというわけではありません。ニュアンスがマッチしない場合もあります。例えば、同僚に "I'll make sure to turn the lights off when I leave."（出るときに必ず電気を消すようにするよ）と言うのを、"I'm committed to turning the lights off when I leave."（出るときに必ず電気を消すことに責任を持ちます）と言うと堅すぎて「オーバー」ですよね。格上げ単語は、ビジネスパーソンとして説得力を持たせたい場面で効果を発揮します。

実は、ビジネスで頻繁に使われるフレーズは限られているので、ある意味日常会話や雑談より易しいとも言えます。あらかじめ TPO にあった英語表現や単語を身に付けておけば、その場その場で引っ張り出せます。言いたいことの中身に集中できれば省エネになりますし、ぜひ格上げ単語も使える言葉のストックに加えてみてください。自信を持ってコミュニケーションが取れるようになります。

Q18

何の略語か分からない！

実際に現地法人で仕事をしてみて略語の多さにびっくりしました。例えば、"CAR" と聞き取れても、Capital Adequacy Ratio（自己資本比率）の略であることは全く想像できません。日本の略語と指すものが違っていたりもします。ビジネスはスピードが大事ですし、日本語でも略語はたくさんあるので当然のことなのですが…。知らない略語に出会ったときはどうしていますか？

A | 業界や職種特有の略語もあるので、「あれ？」と思ったら速やかに確認するのがベスト。

見覚えのない略語に遭遇した際、勝手な推測で仕事を進めるとリスクがあります。また、同じ略語でも業界や地域によって意味が違うこともあるため、ネットの検索では正しい結果が得られないこともあります（ときに、検索結果が多すぎることも）。例えば、同じ "MD" でも、業界や文脈によって Managing Director（マネージング・ディレクター）の略であったり Doctor of Medicine（医学博士）の略であったりします。略語はできるだけ速やかに確認した方が、自分の理解とその後の仕事のためによいでしょう。

●その場で何の略語か尋ねる

可能であれば、略語が登場したそのときに確認します。ミーティングなど話の途中であれば、口頭で以下のように尋ねます。状況に合わせてクッション言葉を添えるとより丁寧です。

What does ABC stand for?

ABC は何の略ですか？

I'm sorry, but what does ABC stand for?

すみません、ABC は何の略ですか？

Sorry to interrupt. Could you tell me what ABC stands for?

話を遮ってすみません。ABC は何の略か教えていただけますか？

Excuse me for interrupting, but may I confirm what ABC stands for?

話を遮って申し訳ないのですが、ABC は何の略か確認してもいいですか？

● **同僚にまとめて何の略語か尋ねる**

その場で確認できない場合は、後でチームメンバーなどに確認をとりましょう。可能であれば、気軽に話せる同僚に、その会社や仕事でよく使う略語をまとめて教えてもらえるとよいですね。耳にして分からなかった略語を書き出して一つ一つ教えてもらい、他にも「これは知っておいた方がいいよ」という社内でよく使う略語を教えてもらうのです。例えば以下のように聞いてみるのはいかがでしょうか。「略語」は abbreviation と言います。

I'm a bit lost with some of these abbreviations. Could you help me out a little?

いくつかの略語の意味が分からなくて困っています。ちょっと手伝っていただいてもいいですか？

I'm making a list of the abbreviations I need to know. What should I add to my list?

知っておくべき略語をリストにしています。リストに何を追加すればいいですか？

聞く相手がいないときは、メールの検索機能で同じ略語が使われているメールを探して文脈からヒントを得たり、共有フォルダ内の資料で検索したりするこ

ともできます。多数の部署や外部など多くの読み手が想定される文書やフォーマルなアナウンスメントでは、最初に略語が登場するときに、フルで記載された言葉の後に括弧で略語が紹介されることがあります。

例："... and examine the return on investment (ROI) to ..."

●押さえておきたいメール＆チャットの略語

スピードが優先されるメールやチャットでは、業界や職種に関係なく、普段の会話の略語が登場します。

略語	英語	意味
ooo	out of office	外出中
TBD	to be determined to be decided	未定
TBC	to be confirmed	未確定、要確認
COB	close of business	終業（時間）
EOD	end of day	一日の終わり、終業時間
FYI	for your information	ご参考までに
WFH	work from home	在宅勤務
etc.	et cetera	など、その他
ppl	people	人々
re	regarding, referring to	～について
qty	quantity	量
w/	with	
w/o	without	
N/A	not applicable not available	該当なし、適用されない 該当なし、入手不可
ATTN	attention	～宛て ＊ "ATTN: John Smith" などと書く。
PFA	please find attached	添付をご覧ください
TAT	turnaround time	所要時間
OT	overtime	残業
FY	fiscal year	会計年度
YOY	year-on-year	前年比
YTD	year-to-date	過去1年間
MTD	month-to-date	過去1カ月間
ETA	estimated time of arrival	到着予定時間

SOP	standard operational procedure	標準業務手順
	standards of practice	実務基準
IM	instant messaging	インスタントメッセージ（を送る）
EOM	end of message	メッセージの終わり、メッセージは以上
DOB	date of birth	生年月日
BYOD	bring your own device	個人所有の機器を持ち込み業務に使用する
sec	second	秒　＊SEC は US Securities and Exchange Commission（米国証券取引委員会）
min	minute	分
hr	hour	時間
mtg	meeting	ミーティング
dept	department	部署
RSVP	please respond, response required	お返事をお願いします ＊フランス語の "répondez s'il vous plaît" に由来し、出席確認に使われる。

● カジュアルな略語

カジュアルな関係の同僚などからは、以下のような略語が使われたメッセージがくることもあります。

略語	英語	意味
pls	please	お願い
brb	be right back	すぐ戻る
thx	thanks	ありがとう
jk	just kidding	冗談だよ
lol	laugh out loud	声に出して笑う、「（笑）」
rofl	rolling on the floor laughing	床で笑い転げる、「（爆笑）」
IMO	in my opinion	私の意見では
IMHO	in my humble opinion	私の（つたない）意見では
IRL	in real life	現実世界で、実際に
tbh	to be honest	正直にいうと、正直なところ
idk	I don't know	知らない
atm	at the moment	現在、現時点で　＊銀行の ATM ではない場合も！
btw	by the way	ところで
u	you	＊I（私）が i になることも。
FB	Facebook	＊ "Are you on FB?" と聞かれることもある。
IG	Instagram	＊ "Do you have an IG account?" など。

Q19

熟語・慣用句を使われると
意味が分からない！

1語1語は理解できる簡単な語彙でも、組み合わさると意味が分からなくなります。仕事で多用されるような熟語・慣用句は先に意味を押さえておけると、会話についていきやすくなると思うのですが、どこから手を付けたらいいですか？

A
熟語は会話のベースとなる大事な要素。
1日1つずつ着実に数を増やしていきましょう。

シンプルな単語の組み合わせは英語の話し言葉（そしてときに書き言葉）のベースとなるため、理解して、区別できることはスムーズなコミュニケーションに必須で、避けて通れない道です。

学習法の提案としては、例えば1週間に1つの動詞をピックアップし、よく使われる組み合わせ（put off, put in, put into など）と使用例を書き出し、1日1つずつ覚えていきます。使用例は、例文の記載がある辞書などが参考になります。 2週目は別の動詞をピックアップし、同じことをします。 20週までには基礎的な動詞を用いた基本の表現を身に付けられるでしょう。記憶の定着には反復が効果的です。一度で覚えきれなくても、繰り返すことが大切です。

動詞以外にも for now（今のところ）のような副詞句もあれば、よく使われる動詞と名詞の組み合わせなど、覚えておきたい表現は数多くあります。しか

し、その量や学習に要する時間に圧倒されて自信をなくしてしまうよりも、1日に1つだけでも覚えていくことを始めましょう。 1日1個 x 365日（1年）= 365個です！ 以下に、業種や職種問わずビジネスでよく使うであろう、一般的な熟語や慣用句の例をご紹介します。

● ビジネスで使われる熟語・慣用句

表現・意味	例文
best practice 最良の・効率のよいやり方	Let's share our best practices for communicating with clients. 顧客とコミュニケーションを取る際の最良の方法をシェアしましょう。
bring to the table （アイデアや有益なものを） 会議などに持ち込む・提供する	The newly appointed adviser brings a lot of experience and skills to the table. 新任の顧問は豊富な経験と能力を提供している。
going forward 今後、この先	Let's meet weekly instead of biweekly going forward. 今後は隔週でなく毎週ミーティングを行いましょう。
kick off ... …を始める	Let's kick off this meeting with a couple housekeeping items. 会議を始めるにあたって2、3事務伝達をしましょう。
reach out (to ...) 連絡する	Thank you for reaching out (to me). ご連絡ありがとうございます。
schedule conflict 予定のバッティング	I'm afraid I have a schedule conflict and cannot attend the meeting. 申し訳ないのですが予定が合わず、ミーティングに出られません。
segue into ... …へとスムーズに話題を移る・変える …への導入・前振り	That question is a great way to segue into the next item on the agenda. その質問はちょうど次の議題につながります。
take ... offline …を後で個別に話す	Let's take this offline. この件は後で個別に話しましょう。
take away [動] 得る、学び取る **takeaways [名]** 得るもの、収穫	What did you take away from the presentation? プレゼンからどんな収穫がありましたか？ There were many takeaways from the presentation. プレゼンから得るものが多かった。

take ownership (of ...) （…の）責任を担う	We need to take ownership of our own careers. 自分のキャリアの責任は自分が負うものです。
watch this space （命令形で）引き続き注目してください	We'll have more updates soon, so watch this space! 近日さらに最新情報をお伝えしますので、引き続きご注目ください！
wrap up （話を）終える、まとめる、締めくくる	Let's start wrapping this up. そろそろまとめに入りましょう。
in the loop やりとりに加わって、最新情報を共有して	Please keep me in the loop. 私にも最新情報を共有してください。
touch base 連絡を取る、近況を話し合う	Could we touch base on this next week? 来週、この件について連絡をとってもいいですか？
pencil in a date 仮に予定に入れておく	Let's pencil in the dates for now, and we can change them later if necessary. とりあえず日程を予定に入れておき、必要であれば後で変更しましょう。
ballpark figure おおよその金額・数字	Could you give me a ballpark figure? 大体の金額をいただけませんか？
apples and oranges 比較ができないものの例え	You can't compare apples and oranges. それは比較できません。
on paper 1）紙上では、文書では 2）理論上では	1) The candidate looks good on paper, but he didn't do so well in the interviews. 候補者は履歴書ではよく見えましたが、面接はあまりうまくいきませんでした。 2) The plan looks good on paper, but it would be too difficult to implement. 企画は理論上ではよく思えますが、実行に移すには難しすぎます。

以下は、ビジネス・日常問わずよく使う動詞句の例です。複数の意味を持つものもありますが、代表的な意味を載せています。使いたい場面や聞いた・見た場面にうまく合わない場合は、辞書で他の意味を調べてみてください。

動詞	動詞句	意味 （一例です。文脈で変わります）
put	put on ...	…を着る
	put back ...	…を遅らせる
	put away ...	…を片付ける
	put off ...	…を延期する
	put up ...	…を立てる
	put out ...	…（火など）を消す
	put ... down	…の悪口を言う
	put together ...	…をまとめ上げる、作る
	put forward ...	…を提出する
take	take after ...	…を似ている
	take back ...	…を取り消す
	take in ...	…を取り入れる
	take on ...	負う
	take up ...	…を始める
	take over ...	…を引き継ぐ
	took off	離陸する
come	come across	（意味が）伝わる
	come along	うまくいく
	come through ...	…の中を通り過ぎる
	come down with ...	…（病気）にかかる
	come back	戻る
	come by	手に入る
	come in	入ってくる

	come from ...	…出身である
	come on	（明かりが）つく
	come out	発刊される
	come to nothing	無駄に終わる
	come up	浮かび上がる
	come up with ...	…を思いつく
talk	talk back to ...	…に口答えする
	talk ... into doing	…に～するよう説得する
	talk ... out of doing	…に～しないよう説得する
	talk over ...	…について話し合う
	talk ... through	…について徹底的に話し合う

イディオムを含めた「ネイティブがよく使う形」で単語を習得するには、「毎日の英単語」（ジェームス・M・バーダマン著、朝日新聞出版）も助けになります。この書籍がカバーしている約2000語をマスターすれば、英語ネイティブの日常会話に頻出するほぼ90％を身に付けることになります。

ゲストのランチが
フルーツだけになってしまった！

海外から訪問者がきたときに、食事制限について全く考えておらず、一度ランチに連れて行って、ゲストがフルーツしか食べられないことがあった（すみません）。ハラルも人によってレベルが違ったり、ヴィーガンも卵なら OK とか…日本では気を遣ったことがないことなので、気を付けようと思った。

シンガポールに駐在／飲んだらマーライオンさん

筆　者も似た経験が何度かあります。数十名に社内でケータリングを用意した際、ヴィーガンの方一名がお野菜だけのサラダ（ドレッシングはなしで塩、胡椒、ビネガーとオリーブオイルのみ）と具のないおにぎりの提供になったことがあります。別のランチセッションでは、参加者の方々に和食のお弁当（お肉・お魚入り）をご用意しましたが、一名の方には別途ベジタリアンサンドイッチを注文したこともあります。「一人だけ別のメニューでちょっと目立ってしまったら申し訳ないな…」とも思いましたが、ご本人は「安心して食べられるものがあってうれしかった」「いつものことで慣れているし気にしていない」とおっしゃって、個別にアレンジをしたことに深く感謝してくださいました。

相手や参加者に確認をするときは、"Is there anything you don't eat?"（お召し上がりにならないものはございますか？）と聞くと丁寧です。この場合、can't と言わないことがポイントです。don't を使った方が、宗教や文化の理由、アレルギーなどで食べてはいけないものに加え、ベジタリアンやヴィーガン、小麦や乳製品などの食物不耐性による食事制限（グルテンフリーなど）、好みなどで自ら食べないことを選択している食品も含めて、聞くことができます。"Is there anything you'd prefer not to eat?" もよいでしょう。「食べない方がよいものはありますか？」「避けたいものはありますか？」といったニュアンスです。

社内で食事や軽食が提供されるイベントの招待メールを受け取るとき、以下のような表現を見ることがあります。

If you have any dietary preferences, please contact [email address].

preferences の訳は「好み」ですが、この聞き方では特に「好き嫌い」を聞いているわけではなく、「食事の面でご希望がありましたら [メールアドレス] までご連絡ください。」という意味です。さらに、「希望」といっても「では和食 / 中華がいいです」という希望ではなく、アレルギーや宗教、文化、健康上の理由などでの希望を指しています。

食べられないものがあった場合、理由まで聞くとプライベートに立ち入ることになるので避けます。

Q20

メールの「基本のき」を教えて！

対話では口調や声色で丁寧さをある程度補完できますが、文面ではそれができないため、メールを書く際に丁寧な表現を調べるのに時間がかかります。ビジネスメールの基本中の基本やお作法を教えてください。

A 英語のメールは「簡潔、明確、かつ丁寧」を意識します。

日本語のビジネスメールでは、「お世話になっております」などの決まり文句を使うと丁寧でかしこまった感じになりますよね。また、本文では経緯の説明などの前置きから始まり、伝えたいメッセージや結論、依頼などが後にくることが多い印象です。これに対して、英語のメールには毎回書くような決まり文句はなく、本文は簡潔です。時には用件のみになることもあり、日本語のメールと比較すると短い印象を持つでしょう。

英語のメールの基本要素は、以下の通りです。

① 一目で内容が分かる、重要情報が入った件名
② 相手との関係性によってカスタマイズされた宛名
③ 簡潔で明確な本文
④ 感謝の意などを伝え、ポジティブな印象で締めくくる結び
⑤ 最後の挨拶としてコンマを付けて入れる結辞
⑥ 署名

●例：ミーティングを設定する

To:　　　Ashley Woo
From:　　Kenji Sato
Date:　　Friday, Sept. 4
Subject: Sept. 16 (Wed) Meeting Request　①件名

Dear Ms. Woo,　②宛名

Thank you for your email of Sept. 3.　③本文

We'd like to schedule a meeting to discuss your proposal.

Could you let me know your availability on Sept. 16 (Wed), between 12:00 noon and 5:00 p.m.?

If that day is inconvenient for you, please let us know your availability for the following week.

We look forward to hearing from you.　④結び

Best regards,　⑤結辞
Kenji Sato　⑥署名

件名：9月16日（水）ミーティングの依頼
9月3日にメールをくださりありがとうございます。
ご提案について話し合うためのミーティングを設定したく存じます。
9月16日（水）正午12時から午後5時の間のご都合を教えていただけますでしょうか。
もしこの日のご都合がつかない場合は、翌週のご都合をお知らせください。
お返事をお待ちしております。

① 一目で内容が分かる、重要情報が入った件名

件名がメールを読むかどうかを左右することもあるので「なぜそのメールを読むべきか」まで分かるように工夫します。必要に応じて日付などの重要情報を入れましょう。

[例1]

Due May 20: Presentation Slides
提出期限5月20日：プレゼンのスライド

＊ 重要な日付が左にきてすぐに目に付く。
＊ 冠詞（a, the）は省き、完全な文法や文でなくてよい。
＊「：」（コロン）や「-」（ハイフン）などの記号を活用し簡潔に。

[例2]

[Action Required] By Feb. 8 ── Mandatory Compliance Training
［要対応］ 2月8日まで ── 全員参加のコンプライアンス研修

＊ [ ]（ブラケット）で注意を引き、日付も入れて簡潔に「何が必要か、何に関してのメールか」を伝える。

[例3]

RSVP by Mar. 15 ── Summer Intern Welcome Luncheon
出欠の返事を3月15日までに ── 夏期インターン歓迎ランチ会

＊ RSVP はフランス語の "Répondez s'il vous plaît" の頭文字をとったもので、出席確認のため「お返事をお願いします」という意味。

② 相手との関係性によってカスタマイズされた宛名

一般的に Dear はフォーマルな印象で、クライアントや外部の方には Dear Mr./Ms.［名字], や Dear［名前], がよいでしょう。Hi はフレンドリーなニュアンスで、普段から少々カジュアルに接する人の場合は問題ありません。Hello［名前], は Hi［名前], より少々かしこまったニュアンスです。人によっては相手の名前だけの宛名を使うこともあります。

③ 簡潔で明確な本文

本文を書く際に気を付けたいのは以下の点です。

○ 本題に入る前に、前後の出来事（ミーティングなど）や本題につながる文で始めると丁寧で自然です。すぐ本題に入っても基本的に問題はないのですが、例えばミーティングをした翌日であれば、いきなり "Could you send me the file you mentioned yesterday?" と書くのではなく、**"Thank you for taking the time to meet with us yesterday."**（昨日はミーティングのためにお時間をいただきありがとうございます）と始めます。"I hope this (email) finds you well." （「お元気にお過ごしかと存じます」のニュアンス）という書き出しをたまに見ますが、省いて問題ありません（早く本題に入ってほしいと思う人も）。「お世話になっております」にあたる言葉や、「○○会社の○○です」と何度も名乗る必要はありません。

○ 本題は、用件や結論が最初に示されることが多いです（ただし、よくない知らせを伝えるときや、相手との関係性など場合によっては説明から入ることもあります）。始めの挨拶や経緯の説明が長いと、本題にたどり着く前に「このメールのポイントは何？」と思われて、読んでもらえないことも。

○ 分量はスクロールなしで一覧できる長さが理想です。冗長にならないように気を配り、1単語でも減らす工夫をします。at this point in time を now にする、in order to を to にするなど、無駄に長いフレーズをカットします。

○ 文字は英語のフォントで統一します。日本語の記号（〒、【】、〜、★、◎など）や機種依存文字は相手のパソコンで文字化けする可能性があるので避けましょう。

④ 感謝の意などを伝え、ポジティブな印象で締めくくる結び

日本語の「よろしくお願いいたします」にあたる言葉はありませんが、相手と内容に合わせて次につながる前向きな文で締めくくります。

Thank you for your continued support.
引き続きのご協力にお礼申し上げます。

It would be helpful if you could advise us on the next steps.
次のステップについてアドバイスをいただけますと助かります。

If you have any suggestions, please let us know.
提案などがございましたら、ご教示ください。

I look forward to hearing from you.

お返事をお待ちしております。
＊この場合の look forward to は「楽しみにしている」という意味ではなく、決まった言い回し。

I look forward to seeing you at the meeting.

ミーティングでお会いできるのを楽しみにしております。

If you have any questions or concerns, please let me know.

ご質問や気になる点などございましたら、お知らせください。

If you have any questions, please don't hesitate to contact me.

ご質問がありましたら、お気軽にご連絡ください。

⑤ 最後の挨拶としてコンマを付けて入れる結辞

結辞は、最後の挨拶として自分の名前の前にコンマを付けて入れる言葉です。使い分けの決まりはないですが、フォーマルさ、相手との関係性によってカスタマイズします。以下の丁寧レベルを参考にしてください。後は、他の方からのメールで使われている結辞も参考になります。筆者は、社外の方や上司、目上の方には Best regards, 同僚には Regards, もう少しフレンドリーにする場合は Kind regards, を使う傾向がありますが、相手によります。名前のみを記載する方もいます。

とても丁寧	←――――――――――→	カジュアル

- Sincerely yours,
- Sincerely,
- Best regards,

- With regards,
- Kind regards,
- Regards,

- Thanks,
- Take care,
- Cheers,
＊主に British English だが幅広い地域や国で使われる。

TPO に合わせて、上記の点を調整すると総合的に丁寧なメールになります。筆者自身、日々届くメールで見たよい表現や書き方を集め、自分自身のテンプレート集に追加し、相手によってカスタマイズして取り入れていました。

Scene Specific 場面別表現

他にも基本的なメールの文例を紹介します。

✓ 日程変更の依頼 – 香港オフィスの同僚へ

To: Jake Flynn
From: Emi Sawada
Date: Tuesday, Oct. 6
Subject: Rescheduling Oct. 7 (Wed) Call

Hi Jake,

I'm sorry for the short notice, but would it be possible to reschedule tomorrow's call? Unfortunately, I now have an urgent client meeting during that time.

I'm available anytime after 1:00 p.m. Hong Kong Time on Thursday and all day on Friday.

I'm sorry for the inconvenience.

Kind regards,
Emi

件名：10月7日（水）電話会議の日程変更

直前の連絡で申し訳ないのですが、明日の電話会議の日程を変更することは可能ですか？
残念ながら、緊急のクライアントミーティングがその時間に入ってしまいました。
木曜日なら香港時間午後1時以降、金曜日なら終日空いています。
ご迷惑をお掛けしてすみません。

Q20 メール

✓ 返事の催促

To: Michelle Cooper
From: Hiro Kikuchi
Date: Monday, Sept. 14
Subject: [Reminder] Feedback on Slides (Finalize by Sept. 18)

Hi Michelle,

This is just a gentle reminder about the presentation slides.

You had mentioned that you could get back to us with your feedback by Friday, Sept. 11. It is now Monday, and since we haven't heard from you yet, we'd just like to follow up and see if you had any problems or questions.

The slides need to be finalized by this Friday, Sept. 18, so we would appreciate it if you could get back to us at your earliest convenience.

Thank you,
Hiro

件名：［リマインド］スライドのフィードバック（9/18までに要確定）

プレゼンテーションのスライドについて念のためリマインドいたします。
9月11日（金）までにフィードバックをお送りいただけるとのことでしたが、月曜日になり、まだご連絡いただいていないため、問題やご質問などがないか確認したく存じます。
スライドは9月18日（金）までに確定させる必要があるため、ご都合がつき次第早めにお送りいただけますと幸いです。

Column
先輩たちの体験談 No.5

一文返し（チャット向き）

日々のやりとりでは、日本語でも「了解しました」「拝受しました」といった一文で返すことが多いが、英語でも Noted with thanks. / Duly received. などの言葉は多用した。Dear XX, から始まる英語メールサンプルを列挙した本は多数あるが、上記のような一文返しはローカルとのやりとりで学んだ。出張先でもスマホでさっと返信を打ちたいときに知っておくと便利だと思う。

シンガポールに駐在／ Kikuppu さん

筆者も、このような表現は実際のやりとりを通して学びました。短くて文法的には不完全な文でも問題なく、どちらかというとチャットやメッセージアプリ向きで、同僚やカジュアルな会話をする関係の相手と、手早くやりとりをする際に役立ちます。相手のその一言で仕事が進められるので、上司から "Approved." と即返事が来て、心の中で「キター！」と叫んだことが何度もあります。

Noted.
了解です。

Noted with thanks.
了解です、ありがとう。

Well noted. / Duly noted.
確認しました。／了解しました。

Done.
終わりました。／完了です。

Will do.
（何かの依頼に対して）了解です。
／そのようにします。

また、上司からはこのように短い文や単語で返事が来ることもあるでしょう。

Approved.
承認します。

Fine with me. Thanks.
（私にとっては）問題ないです。ありがとう。

チャットは効率がよく仕事が早く進んで便利ですが、カジュアルになりがちなので相手と状況を見る必要があります。同僚を参考にすると、その職場に適したチャットの使い方（関係性に応じてどの程度略語を使っているかなど）ができるでしょう。

Q21

大きい数字を英語で言うコツを教えて！

数字を英語で言ったり、聞き取ったりするのが非常に難しいです。仕事で金額が絡むと桁が大きくなりなおさら難しいのですが、最も重要な情報なので言い間違いや聞き間違いは重大なミスにつながります。相当な慣れが必要だと思いますが、何かコツはありますか？

A | 日本語から英訳しない。数字は右から数えず、3桁ごとのコンマの位置で見ます。

日常生活では thousands ［1,000 ～ 999,999 の間の数］の単位以上を扱うことはあまりないですが、ビジネスではその範囲が millions ［1,000,000 ～ 999,999,999 の間の数］まで広がることがあります。日本語では1万、1億と4桁ずつの単位で数えることに慣れていますが、英語では 3 桁ごとにコンマで区切られて、hundreds, thousands, millions と単位が変わります。日本の方は数字を見たときに、「一、十、百、千…」と桁を右から数えて、日本語の数字から英語に訳そうとする傾向がありますが、このような習慣はやめた方がいいでしょう。

桁の大きな数字を見てすぐ英語で認識できるようになる、次のステップとしてそれを口頭で言える、そして聞き取れるようになるために、以下のポイントを意識してみましょう。

英語で数字を認識するポイント

○ 最初の3桁は100の単位（hundred）

○ 最初のコンマは thousand を示す

○ 2つ目のコンマは million を示す

コンマの位置を基準にして数字を読みます。

数字	読み方	日本語
100	one hundred	百
1,000	one thousand	千
10,000	ten thousand	1万
100,000	one hundred thousand	10万
1,000,000	one million	100万
1,000,000,000	one billion	10億
1,000,000,000,000	one trillion	1兆

例えば、「127,000,000」を英語で言いたいときに、右から数え、「1億2700万」という日本語から英語に訳すのではなく、コンマの位置から英語の数え方で考えます。そして「2つ目のコンマ = million」と認識すると127,000,000 = 127 million とすぐに言えます。

また、大きな数字を別の言い方で表現することがあります。文書で thousand を K（kilo に由来）と略記することがあるので、併せて覚えておくとよいでしょう。

● 「おおよそ」「以上」「以下」

「おおよそ」「大体」というときは、approximately が活躍します。about よりややフォーマルでビジネスに適したニュアンスがあります。

The cost is approximately 50,000 U.S. dollars.

コストは約50,000米ドルです。

The cost is around 50,000 U.S. dollars.

＊特に時間や数に対して使い、推測しているニュアンス。

The cost is roughly 50,000 U.S. dollars.

＊「大体、大雑把に言って」のニュアンス。大体のイメージを表現するときに使う。

The cost is somewhere around 50,000 U.S. dollars.

＊「大体…あたり、…のあたり」のニュアンス。

「以上」「以下」は少し注意が必要です。日本語で「2以上」は2を含みますが "more than 2" は2を含みません。 2を含む場合は、**"2 or more"** と表現する必要があります。

more than 2 meters 2メートル強

less than 2 meters 2メートル未満

a little less than 2 meters 2メートル弱（2メートルよりやや短い）

fewer than five people 5人未満

＊ few は数えられるものに使う。

● **金額について**

お店でお会計をするときや金額を言うときに、dollars や cents を省く場合もあります。例えば、"The total will be five fifty." と店員さんに言われたら、$550ではなく、$5.50 つまり five dollars and fifty cents です（大きな買い物であれば $550.00 の可能性がありますが）。

例

$3.80 = three eighty, three dollars and eighty cents

$20.35 = twenty thirty-five, twenty dollars and thirty-five cents

$225.50 = two hundred twenty-five dollars and fifty cents

Pop Quiz

　コンマの位置を意識しながら口に出す練習をしてみてください。
　回答は Scene Specific の最後にあります。

　Questions:
　1) **42,752**　2) **8,312**　3) **114,587**　4) **9,120,000**

Scene Specific　場面別表現　🎧61

以下の数字に慣れるように練習してみてください。

365	three hundred (and) sixty-five
1,100	one thousand (and) one hundred
	a thousand one hundred
	eleven hundred ＊「最初の2桁 + hundred」という表現もある。
2021	two thousand (and) twenty-one
	twenty twenty-one ＊西暦を言うとき。コンマは付かない。
5,000	five thousand
5,200	five thousand (and) two hundred
	fifty-two hundred
5,500	five thousand (and) five hundred
	five thousand five hundred
	fifty-five hundred
10,000	ten thousand
12,345	twelve thousand three hundred (and) forty-five
56,789	fifty-six thousand seven hundred (and) eighty-nine
678,987	six hundred seventy-eight thousand nine hundred (and) eighty-seven
7,891,100	seven million eight hundred ninety-one thousand one hundred
80,000,012	eighty million twelve
9,100,100,001	nine billion one hundred million one hundred thousand and one

p.146　Pop Quiz Answers:
1) forty-two thousand seven hundred (and) fifty-two
2) eight thousand three hundred (and) twelve
3) one hundred fourteen thousand five hundred (and) eighty-seven
4) nine million one hundred twenty thousand

Q22

オンライン会議が難しい！

電話やビデオ会議が絶望的に難しく、いつも緊張します。会議の終わりに Do you have any comments? と聞かれて大体 No, I don't. と言うしかありません。事後に隣にいた同僚に内容を確認しており、一人で参加するときはいつも泣きたくなっていますが、何か電話会議をするときのポイントはありますか？

A

発言のタイミングや聞き取りが難しい上に、
コントロールできない技術的な問題も。
明確なコミュニケーションを取る努力をします。

オンライン会議は対面と違って回線や画面を通して行うため、コントロールできないハードルやストレスがあります。電話の場合は相手の顔が見えず、nonverbal（言葉以外）の要素に頼れません。また、複数人の場合は声だけでは誰が発言しているか分かりにくいのが難点です。名乗ってから話す、要点を声のトーンで強調する、お互いに余裕を持って間を置く、などの気配りが必要です。一方で、ビデオ会議では顔が見えるため、より対面に近い感覚と効果があります。それでも、初対面の場合などは顔と名前が一致しないこともあるので、最初に一通り自己紹介をして、発言の際に名乗るとスムーズです。

留意したい点は以下の通りです。

○ 本番前に使うツールに慣れておき、雑音が入らない環境を選ぶ。開始前に接続を確認し、余裕を持ってスタンバイして少しでも焦りやストレスを減らす。

○ タイミングを逃さないように発言と質問をする。話の間合いや、他の人が話しているときはセンテンスの終わりのタイミングを狙うと、相手は「遮られた」という感覚が軽減される。要点や結論を最初に述べて簡潔にするとよい。

○ 相手が聞き取りやすいようにゆっくり話す（回線を介すと時差が発生したり、音声が聞き取りにくくなったりする）。文法や発音はあまり気にしすぎず、発信したいメッセージにフォーカスして自信を込めて発言する。

○ 電話会議中はマルチタスクや「内職」をせず集中する（話のメモを取ることは別）。

○ 発言内容に集中できるように、あらかじめ場面別（話し始める、質問する、割り込む、聞き取れなかったときなど）のフレーズを覚えておく。省エネになり、スムーズに発言できる。

○ 長期的な視点でリスニングのトレーニングを続ける。また、仕事に関するメールや資料など文章を読み、理解が必要な言葉や言い回しに多く触れておく。

では、オンライン会議の中で役立つフレーズを場面別で紹介します。

● **電話会議のはじめに**

This is Alice speaking. May I ask who else is on the line?
こちらアリスです。他にはどなたが参加していますか？

Let's wait a few more minutes for everyone to [join/dial in].
全員が［参加／ダイヤルイン］するまであと少し待ちましょう。
＊ join は電話会議にもビデオ会議にも使える。

Yuki just joined.
ユキが加わりました。

Can everyone hear me?
皆さま聞こえますか？
＊ビデオ会議の場合は hear か see を使う。

Do we have Tara on the line?
タラは参加していますか？
＊ビデオ会議の場合は "Has Tara joined us?" や "Do we have Tara with us?" などと言う。

Tara is dialing in now.
タラは今ダイヤルインしています。

We've got Alice, Yuki, Ryo, and Tara on the line.
アリス、由紀、涼とタラが参加しています。

We've got Hong Kong, Mumbai, and Tokyo on the line.
香港、ムンバイと東京のメンバーが参加しています。

●発言の前に名乗る

Hi, it's Ryo here.
こちら涼です。
＊声だけで発言者が分からないようなときは、発言の際にこのように名乗ることがある。この hi は「こんにちは」の意味ではなく、話し始めの合図の役割。

This is Alice.
こちらアリスです。

●雑音が聞こえる、相手の声が聞こえない

I'm sorry, but it's hard to hear you.
すみませんが、そちらの声が聞こえにくいです。

Your voice sounds a little far. Would you please speak louder?
声が遠いようです。もう少し大きな声で話していただけますか？

Could you please speak a little louder (into the microphone)?
（マイクに向けて）もう少し大きな声で話していただけますか？

Would you please speak closer to the microphone?
もう少しマイクの近くでお話しいただけますか？

Sorry, I was on mute.
すみません、ミュート（消音設定）になっていました。

Hi Alice, I think you're on mute.

アリスさん、ミュートになってますよ。
＊ミュートを外してほしいとき。

I'm hearing a lot of background noise.

後ろでかなり雑音が聞こえます。

Could you please put yourselves on mute?

後ろで雑音が聞こえます。（発言していないときは）ミュートにしていただけますか？

I'm afraid the line is breaking up.

恐れ入りますが、接続が乱れているようです。

I'm breaking up a little bit.

回線が乱れてしまっているようです。

Sorry, I got cut off.

すみません、（回線が）切れてしまいました。

Let me dial back in.

（一度切って）もう一度ダイヤルインさせてください。

聞き取れなかった内容をもう一度言ってもらうためのフレーズは、Q4をご参照ください。

●会議中に相手の注意を引くとき

Do you have any thoughts on this, Katy?

ケイティ、これに関して何かご意見はありますか？

Can someone quickly summarize what we've discussed (so far)?

どなたか、（ここまで）話したことを簡単にまとめてくださいますか？

I hear some typing in the background. Let's stay focused on our meeting.

後ろでタイピングの音が聞こえます。ミーティングに集中しましょう。

●話に割り込む

Q9でご紹介した「話に割って入る」ときのフレーズも使えますが、対面ではない分、他者とのタイミングが計りづらいので、話にいきなり反応するよりは以下のように話す意思表示をするフレーズで切り出す機会が多くなるでしょう。

I'm sorry, but may I interrupt for a second? I believe that ...
すみませんが、少し割り込んでもいいですか？…だと思います

Could I just confirm something?
一つ確認してもいいですか？

I just have a quick question.
ちょっと質問があります。

Sorry, could I jump in?
すみません、ちょっと割り込んでもいいですか？

[同時に話し始めてしまったとき]

Sorry — please go ahead.
すみません、どうぞ。

Please go on.
どうぞ続けてください。

●意見や質問がないとき

以下のように各地域やオフィスに意見やアップデート、質問を聞いて回ることがあります（その際は updates, comments, questions などと置き換える）。

Let's go around and share some ideas. Let's start with Tokyo.
それぞれ意見（アイデア）を共有しましょう。最初に東京（オフィス）から。

[そのときの返事の例]

I don't have any further comments, thank you.

追加するコメントはありません。ありがとうございます。

I don't have anything in particular to add. (Thank you for asking.)

特に追加するコメントはありません。（聞いてくれてありがとうございます。）

No questions from me.

質問はありません。

No questions from Tokyo.

東京（チーム・オフィスからは）質問はありません。

I can't think of anything right now.

今は何も思いつきません。

Q23

仕切るのが難しい！

海外赴任の場合、駐在員は現地では比較的高位なポジションで会議や何かを仕切ることも多く、スムーズな進行ができなくて毎回苦労します。会を進行するために、最低限知っておくべきことや便利なフレーズを教えてください！

A | 進行に使う表現は多岐にわたりますが、覚えておくとプレゼンでも応用できて便利です。

ファシリテーター（進行役）は会議をスムーズに進め、議題をカバーしてゴールに着地させる大事な役割。役職が高い方は、パネルディスカッションやイベント、プレゼンなどでも進行役を担うことがあるでしょう。外資系企業のチームミーティングなどでは、ローテーションでメンバー全員が進行役を担当することもあります。会議にもよりますが、出席者の確認、内容や目的の説明、時間管理、進行、質問や意見の取りまとめなど、役割は多岐にわたります。覚えておくと便利な進行に使う表現を紹介します。

● ミーティングを始める

ミーティングはできる限りオンタイムで始まり、予定時間内で終わるようにします。筆者の外資系企業での経験上、ミーティングは30分単位が多いですが、15分や40分など、30分・1時間単位ではないこともあり、まさに分刻みで予定が組まれます。時間通りに終わらなさそうな場合は（移動やダイヤルインの時間を考慮して）終了予定5分前から退室する人もいるほど、時間には敏感です。

Good morning / Good afternoon.

Let's wait a few more minutes for people to arrive.

こんにちは。皆さんが到着するまであと数分待ちましょう。

＊待ったとしても他の参加者の時間を考慮して、特別な理由がない限り（decision maker が到着していないなど）なるべくオンタイムに始める。

Since everyone is here, let's get started.

皆さまいらっしゃるようですので、始めましょう。

In the interest of time, I think we should get started.

時間の都合上、始めた方がいいかと思います。

＊開始時間を過ぎて「待たずにそろそろ始めた方がよいですね」という場合。In the interest of time は、時間に限りがあるときや、進行が遅れているときなどに使う。

Let's get right into the matters at hand.

早速、本題に入りましょう。

Thank you for attending today.

本日はご参加いただきありがとうございます。

● **議題（アジェンダ）とミーティングの流れを共有する**

ミーティングでは基本的に議題が事前に共有され、それに沿って進みます。生産性を考慮し、各議題の所要時間が決まっていることもあります。進行役は時間を意識し、時間が押す場合は中断やまとめを促す必要があります。

The purpose of our meeting is to brainstorm ideas for the firmwide family event.

このミーティングの目的は、社内のファミリーイベントの企画案をブレーンストームすることです。

There are three items to discuss today. First, ... Second, ... Lastly, ...

本日は話し合うことが3つあります。1つ目に…。2つ目に…。最後に…。

＊ There are three items on the agenda.（アジェンダに3つのトピックがあります）でもよい。

Today, we'll take the first five minutes to go over the goals of the event. Then, we'll spend 15 minutes sharing ideas about the logistics and activities. We will spend the last 10 minutes confirming what we've agreed on and discussing the next steps.

本日、最初の5分はイベントの目標について話します。次に、その準備とイベント内容についてのアイデアを共有します。そして最後の10分は合意した内容と、次のステップを確認します。

We'll spend the first 10 minutes going around and sharing regional updates.

最初の10分は順番に各地域の最新状況を共有します。

First, I'd like to kick off the meeting with a few housekeeping items.

まず、会議の最初にいくつか事務的な連絡をいたします。

＊ housekeeping = 事務的なこと

Feel free to jump in if you have any questions or comments.

ご質問やコメントなどありましたらいつでも発言してください。

● 時間管理・トピックを移る

ミーティングを効率よく進めるため、時間配分を意識しながら話を切り上げたり、スピーカーにまとめに入るよう促したりします。そして、トピックからトピックへスムーズにつなげるためのフレーズをうまく使い、自然な流れをつくります。

Does anyone have a question or comment before we move on?

次の議題に移る前に、どなたかご質問やコメントなどございますか？

Now, let's move on to the next item on the agenda.

それでは、アジェンダの次のトピックに移りましょう。

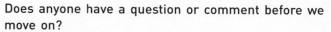

In the interest of time, let's move on to the next item.
時間の都合上、次の議題に移りたいと思います。

We're running short on time, so I'd like to move on to the next topic.
時間がなくなってきていますので、次の議題に進みたいと思います。

If there are no further questions or comments, let's move on to the next item.
もし他にご質問やコメントがなければ、次の議題に移りましょう。

● **質問やコメントを受ける**

一つのトピックの終盤に質問やコメントを受け付けます。

Does anyone have a question (or comment)?
質問（やコメント）はありますか？

＊ Does anyone have any questions?（何か質問はありますか？）と言ってもよい。

Is there anything else we should cover?
他に話すべきことはありますか？

Do you have any questions regarding this?
この件について、何かご質問はございますか？

Please let me know if I can clarify anything.
何かご不明な点がありましたら、お知らせください。

● **話し手の「バトンタッチ」**

トピックと共に担当する話し手も変わるときは、次のように「話者交代」を伝えます。ニュースでリポーターが変わるときや、カメラがスタジオから現場に移るときなどにも使う表現です。

Now, I'd like to turn it over to Amy.
それでは、エイミーにお話しいただきます。

I'd like to hand it over to Kevin to explain the details.
詳細の説明をケビンにお願いします。

Let's start with Alice.
アリスから始めましょう。

Over to you, Yuki.
では由紀、どうぞ。

Back to you, Alice.
アリス、あなたに（話をする役割を）戻します

Next, Emily will tell us about ...
次に、エミリーが…についてお話しします

Let's go around and share ideas. Let's start with Tokyo.
それぞれ意見（案）を述べ合いましょう。最初に東京（オフィス）から。

● **会議をまとめる**

ミーティングの終盤では残り時間や必要に応じて質問やコメントを促し、最後に wrap up（まとめ）に入ります。合意したことや内容を簡潔に要約し、次のステップやアクションとそれぞれの担当者や期限について確認します。

Does anyone have any final questions or comments?
最後に質問やコメントのある方はいますか？

Does anyone have anything that they'd like to add (before we close)?
（終わる前に）どなたか何か付け足したいことはありますか？

Does anyone have any (other) thoughts on this?
どなたかこの件について（他に）考えはありますか？

Is there anything that we haven't covered?

何かまだ話の及んでいないことで、触れるべきことなどありますか？

Let's start wrapping this up.

そろそろまとめに入りましょう。

Let's recap what we covered.

話し合ったことを要約しましょう。

＊recap＝要約する、要点をまとめる、大事な点をもう一度言う

Let's summarize what we discussed.

話し合ったことを要約しましょう。

Let's make sure that everyone is on the same page before we bring things to a close.

終わる前に、全員が同じ理解でいることを確認しましょう。

Let's confirm the next steps.

次のステップについて確認しましょう。

We haven't covered everything on the agenda. Should we set up another meeting?

議題を全てカバーできませんでした。ミーティングを追加で設定しましょうか？

I'll send a recap email after this meeting/call.

会議が終わったらまとめのメールを送ります。

Thank you for making time for this meeting.

この会議のためにお時間をいただきありがとうございます。

困った場面を乗り切るためのフレーズをいくつかご紹介します。

✓ 話が脱線したとき

Let's get back to what we were talking about.
話していたことに戻りましょう。

It looks like we've gotten off the subject.
本題からずれてしまったようです。

I'm afraid that's outside the scope of this meeting.
恐れ入りますが、それは今回のミーティングの範囲外です。

✓ あらかじめスマホの電源を切っておいてもらう

Could I ask everyone to please turn off your [mobile devices/mobile phones] during this meeting? ... [少し間を置く] **Thank you.**
ミーティング中はお持ちの［デバイス／スマホ］をオフにしていただけますか？…ありがとうございます。

✓ 鋭い質問がきたとき

難しい質問だったりしてすぐに答えられないときに以下のように反応して間を埋めることもあります。

That's a good/great question.
よい質問ですね。

Thank you for bringing that up.
その点を挙げていただき、ありがとうございます。

Thank you for flagging that.
その点をご指摘いただき、ありがとうございます。

That's a good point.
それはいい点ですね。

☑ 間違いを指摘するとき

間違いの可能性に気付いた場合は、速やかかつ丁寧に指摘します。

I'm afraid that might be incorrect.

恐れ入りますが、それは間違いのようです。
＊ You made a mistake. や You're wrong. は直球でぶしつけ。you ではなく間違いそのものにフォーカスし、相手を責めない表現を使う。

Could you please confirm if that is accurate?

それが正しいかご確認いただけますか？

☑ 行き詰まったとき、結論にたどり着けないとき

We don't seem to be making much progress on this.

（この件について）あまり進捗がないようです。

It seems that our discussion isn't going anywhere.

どうやら議論が行き詰まってしまったようです。

Perhaps we can revisit this next time.

この件は次回もう一度話し合いましょうか。

Maybe we can come back to this later (in our next meeting).

この件は後ほど（次回の会議で）再度話しましょうか。

It looks like we're out of time, so let's stop here.

時間がなくなったようですので、ここで終わりにしましょう。

Everyone, please bring your ideas to our next meeting.

皆さん、次回のミーティングにアイデアを（シェアするために）持ってきてください。

Q24

上手なフィードバックの
方法を教えて！

日本では人事評価のときだけ働きをフィードバックしておけば問題視されないようなところがあるが、こちらのビジネス文化ではよりこまめに、積極的にフィードバックしなければ無関心と受け取られるようです。うまいフィードバックのテンプレを教えてください。

A 話す順番を押さえて、
個人的・感情的にならない
フィードバックを。

組織によって、フィードバックの頻度や緊急性はさまざまです。ただ、グローバルな企業では、パフォーマンスを評価する正式な面談などの決められた機会や時期を待たずに、タイムリーにフィードバックをすることが多く、それが本人の成長や信頼関係の構築、そしてチームの成果によい影響をもたらします。

筆者が外資系企業で働く中で、英語でフィードバックをするときの「話す順番」に共通するフォーマットがあることに気が付きました。特に、言いにくいことや悪い知らせがあるときに有効です。

　① 相手が心の準備ができるように前置きをする
　② 詳細を説明する
　③ ポジティブで次につながる言葉で終える

伝える側は、ネガティブなことを伝えることに気が引けてポジティブなことを先に伝えがちですが、聞く側にとってはネガティブなことを聞いてからポジティブなことを聞く方が気持ちは楽ですし、前向きになります。具体的なアプローチの例を見ていきましょう。

●**仕事の進め方についてのフィードバック**

① **前置き** In evaluating your performance, there are some good points and some points that need improvement.

② **詳細の説明** Let me start with the places that need improvement. I noticed that you spend a lot of your time on editing the presentation slides. I understand that you're working hard so they look nice and professional, and I appreciate your effort.
That said, I would rather have you spend your time and energy working on other things. So, I'm wondering if you could consider submitting the slides to me when they are 80 percent done, and I can review them and let you know if there's anything that needs polishing. If I can help review them once before that, I'd be happy to do that. I just want to make sure that you are using your time in the most efficient and productive way.

③ **ポジティブな言葉** On the other hand, you are making good progress with the delivery of your presentation. I know that you took the initiative and signed up for the presentation workshops, and I see that you've been practicing a lot. I hope you will keep that up.

あなたのパフォーマンスを評価するにあたり、いくつかのよい点と改善すべき点があります。

まず、改善が必要なところから振り返りましょう。プレゼンのスライドの編集に多くの時間を費やしていることに気が付きました。見やすくてプロフェッショナルになるように努力をしているのは理解しますし、その努力に感謝します。

とはいえ、その時間と労力を他のことに向けていただきたいとも思っています。ですので、

80％の完成度になった時点で私に提出することを検討してもらえませんか。そうすれば、私がレビューをして、もっと調整が必要でしたらお知らせできます。その前にも一度確認した方がよければ喜んでそうします。あなたには最も効率よく生産性の高い時間の使い方をしてほしいと思っています。

一方で、プレゼンの発表の仕方はとてもよくなっていますね。率先してプレゼンスキルのワークショップにも参加したのも知っていますし、たくさん練習しているのも分かります。ぜひその調子で続けていただきたいと思います。

建設的なフィードバック（constructive feedback）

行動やパフォーマンスの改善やポジティブな結果につなげるための前向きなフィードバックをしましょう。そのための Do's（すべきこと）と Don'ts（すべきでないこと）を以下にまとめます。

▶ Do's

内容

○ 客観性を保ち、相手の行動・言動にフォーカスした具体的な内容を述べる

○ 仕事やチームへの影響について説明する

○ 相手の意見や説明にも耳を傾け、どう改善するとよいと思うか尋ねる

○ 提案やアドバイスも伝える

○ 感謝も伝える

○ 後日フォローアップして、相手がどのように意識して行動したか、変化が見られたかまでチェックする

伝え方

○ 対面で行う（対面が不可能ならビデオ会議、それもできなければ電話で）

○ オフィスの個室などではなく場所を変えるのもよい

○ 相手を責めたり個人攻撃になったりしないニュートラルな言葉を使う

○ 敬意を示し、丁寧で気遣いを込めて伝える

○ ネガティブな点や課題、改善すべき点は励ましや期待の言葉を添える

▶ **Don'ts**

内容

× 相手個人や人格にフォーカスする

×「事実」や「観察したこと」から離れる

× 相手が変えられないことについて言及する

× 解決や改善方法を示さない

伝え方

× 相手を責めて攻撃するような言葉を使う、you を使う言い方をする

　・You didn't do ....（あなたは…をしなかった）

　・You are wrong.（あなたは間違っている）

　・You made a mistake.（あなたは間違いを犯しました）

× 他の人がいるところ（または CC が入っているメール）でネガティブなフィードバックや注意をする

例えば、クライアントに対してミスがあった場合、そのクライアントに謝り、人前ではないところで部下を注意します。その際、感情的にならず、「なぜ」注意をしているか、そして「どのように」改善して前に進めるかを理解してもらいます。

▶ **改善点や課題に関するフィードバック**

相手に改善すべき点を伝えるフィードバックを corrective feedback（**修正型フィードバック**）と呼ぶことがあります。相手のうまく行かなかったところや課題を指摘するだけでは、場合によって「批判」と捉えられてしまいます。「個人攻撃」「人格否定」と受け取られないよう、相手に改善するべきことに気付かせ、改善・修正のための行動を自ら起こせるように導き、それをサポートする姿勢を見せることが理想です。

ネガティブな内容のフィードバックをする場合は、クッション言葉を添えます。以下のようなフレーズを使うと、相手の受け取り方も変わります。"you" ではなく "I" を使って、事実を客観的でロジカルに述べる言い方をします。

● ネガティブなフィードバックの言い出し

I noticed that ...
…ということに気が付きました。

I've seen that ...
…が見受けられました。

I'm concerned about ...
…ということに懸念を持っています。

● 提案する

Would you consider ...?
…を考えてみませんか？

Have you thought about ...?
…について考えたことはありますか？

How do you feel about ...?
…についてどう感じますか？

How can I support you (with this)?
私はどのようにあなたを（この件で）サポートできますか？

How can I help you [make this change]?
私はどのように［この改善を行う上で］お手伝いできますか？

● 部下や後輩の言動や態度を注意する

It was impolite of you to interrupt when the client was talking.
クライアントが話している最中に口を挟むのは失礼でしたよ。

That behavior is unacceptable.
あの行動は容認できません。

We/I would appreciate it if you could keep the deadline we agreed upon.
同意した期限を守っていただけるとありがたいです。

建設的なフィードバックの Key Point を押さえた例をご紹介します。

☑ 出社時間が遅くなりがちな部下に対して

I've noticed that you've recently started to come to work late. I know that you are always careful with time management and you are usually ahead of things, so I just wanted to check in with you to see if there was something going on and that I might be able to help with.

最近、あなたの出社が遅れ気味になっていることに気が付きました。いつもあなたは時間管理に気を付けていて、物事を先回りしているので、何かあるのではないか、私に協力できることはないか、状況を確認したいと思っています。

＊相手のよい点（タイムマネジメントについて）を評価しながら気が付いた点を述べ、協力・サポートする姿勢を示している。

When you're coming in late to work, it makes it difficult to start meetings on time.

出社が遅れると、ミーティングを時間通りに始めることが困難になってしまいます。

＊行動によるチームへの影響を述べている。

I realize that you're trying to make up for it by staying late, and I'm concerned about you working long hours. Let's discuss what we can do to change that. We can consider flexible work arrangements. Also, going forward, please let me know if you have things going on and need adjustments at work. It would help us make things easier for you and also work well as a team.

その分を取り戻そうと遅くまで仕事をしているみたいですが、長時間労働していることを懸念しています。どう変えていけるか相談しましょう。フレキシブル体制の導入を検討することもできます。そして今後は何かあって職場で調整が必要になったら教えてください。あなたが楽になり、チームにとっても働きやすくすることにつながります。

＊修正した行動や変化がどのようによい影響があるかを伝えている。

Q25

議事録のうまい使い方を教えて！

会議についていくのがやっとの状態で、内容を正確に把握できているか心配です。英会話だけではコミュニケーションエラーが起きるので、簡単な議事録作成＆確認依頼をしたところ効果的でした。便利な議事録のテンプレがあれば教えてください！

A

フォーマットはさまざまありますが、
アジェンダに書き込む方式が便利です。
合意や決定事項を明記します。

議事録（meeting minutes）はミーティングの前に用意されるアジェンダ（会議の内容や達成したいことを記載したもの）に書き入れる形式が便利です。決定・決断したこと、今後の行動予定が記録されます。話の全ての文字起こしではなく、要点や結果、結論をまとめたものです。

●議事録の役割

○ 参加者の合意や決定、お互いの理解について相違が生じないために記録を取る。

○「言った、言わない」という議論になるのを防ぐ。

○ Next steps などのタスクと、それぞれの責任者が確認できる。

○ 決断や合意点に至った経緯や話し合われたポイントを確認できる。

○ 欠席者が見て会議の内容や決定事項が分かる。

●議事録の取り方

会社やチームによって議事録の取り方はさまざまですが、以下はその例です。

○ 記録担当者が会議中に参加者と画面を共有して、その場でワードやイントラネットのツールに入力していく方式

・画面を見ている参加者が内容の誤りや追加点に気付けばその場で指摘できる。

・共通アクセスのあるファイルやサイトに入力すれば、参加者やステークホルダーがアクセスでき、一つのバージョンで統一でき、訂正や変更も1カ所で行える。

○ 会議中に担当者が自分用にメモを取り、それを基に後で議事録にまとめる方法

・会議の後（極力速やかに）、議事録を参加者にメールで送る、またはリンクを共有する

・議事内容をメールの本文に入力したものや、ファイルの添付で共有する場合は、メールそのものが相手に読まれない、紛失する可能性も考慮する。

・参加者の記憶がフレッシュなうちに送る方が、読まれる可能性、さらには議事録の誤りに訂正の連絡をしてもらえる可能性が高まる。

メールするときは次の文章を添えるとよいでしょう。

Please let me know if I missed or misunderstood anything.
見落としや理解が正しくない部分がありましたらお知らせください。

If there should be any changes, please let me know.
変更点がある場合はお知らせください。

●議事録サンプル

次のページに、アジェンダの中に議事録（会議で話し合われた内容やポイント）を書き込んだ例をご紹介します。箇条書きが見やすく、完全な文でない場合（文法や冠詞を省く）があります。項目は以下のような点を明記します。

◦ タイトル
◦ 目的
◦ 日程
◦ 場所、ダイヤルインに必要な情報

◦ 参加者・欠席者（例の apologies は欠席者の記載に使う言葉）
◦ アジェンダ（アジェンダアイテム、担当者、所要時間など）
◦ 決定事項
◦ 次のステップ、アクションおよび担当者
◦ 次回ミーティングの日程

APAC Biweekly D&I Committee Meeting

Date: March 10 (Wed)
Time: 4:00 p.m. Tokyo / 3:00 p.m. Hong Kong & Shanghai / 12:30 p.m. Mumbai
Dial-in: +001-010-0000 [Code: 123456]
Facilitator: Kana Sakurai
Attendees: Jeff Clark, Anika Ghosh, Ryuichi Hayashi, Ryo Kudo, Cecilia Jiang, Dave Matthews, Rika Matsuda, Katy Sullivan, Janet Young
Apologies: Justin Lee

No.	Agenda Item	Presenter	Time	Action Items	Deadline
1	Introduction of new members •Cecilia Jiang (HK, joined March 1) •Ryo Kudo (TK, joined March 8)	All	5 min	Jeff to schedule virtual coffee chat with Cecilia and Ryo	By Mar. 12
2	Regional updates •Tokyo: - LGBT+ Committee to participate in Tokyo Rainbow Pride Event - Global Diversity & Inclusion Committee chair to visit in April •HK: - Women in Tech Committee to hold internship program for students in July-August - Article on D&I initiatives published in Hong Kong Times newspaper on March 5 •SH: - "Unconscious Bias" workshops ongoing – positive feedback so far - Women in Finance Committee to partner with local financial companies for marketing event [details TBC] •Mumbai: - Disability Committee to be launched soon – Anika to coordinate	All	15 min		
3	Firmwide D&I survey results •Tokyo & Mumbai – ongoing (survey closes March 19) •HK – 85 percent response rate; overall positive (results saved here) •SH – 72 percent response rate; need to raise awareness of committees and efforts (results saved here)	Jeff	5 min	Jeff to follow up with Kana, Anika, Justin, Janet to consolidate results for the region	Finalize results by Mar. 31

APAC D&I Committee 隔週ミーティング

日程： 3月10日（水曜日）
時間： 午後4時 東京／午後3時 香港、上海／午後12時30分 ムンバイ
場所：（ダイヤルインに必要な情報）： +001-010-0000（コード：123456）
進行役： 桜井佳奈
参加者： Jeff Clark, Anika Ghosh, Ryuichi Hayashi, Cecilia Jiang, Dave Matthews, 松田里香, Katy Sullivan, Janet Young
欠席者： Justin Lee

No.	アジェンダアイテム	担当者	所要時間	次のステップ、アクションおよび担当者	締め切り
1	新メンバーの紹介 ●Cecilia Jiang（香港 3月1日加入） 工藤亮（東京、3月8日加入）	全員	5分	Jeff が Cecilia と亮とのバーチャルチャットを設定	3月12日まで に
2	各地域の近況 ●東京： - 東京レインボープライド・イベントに LGBT+ Committee が参加予定 - グローバル D&I 委員長が4月に訪問予定 ●香港： - Women in Tech Committee が7〜8月に学生向けインターン・プログラムを主催予定 - 3月5日の Hong Kong Times 誌に D&I の取り組みが掲載される ●上海： - 「アンコンシャス・バイアス」ワークショップ実施中 ー今のところ好評 ●ムンバイ： - Women in Finance Committee が地元の金融機関と協力してマーケティングイベントを行う予定（詳細未定） - Disability Committee を近日中に発足予定 ー Anika が調整	全員	15分		
3	ファームワイド D&I 調査結果 ●東京＆ムンバイー調査中（終了3月19日） ●香港ー回答率85％、おおよそ高評価（結果はこちら） ●上海ー回答率72％、委員会と活動の認知を高める必要あり（結果はこちら）	Jeff	5分	Jeff が佳奈、Anika、Justin、Janet のフォローをして地域全体の結果をまとめる	最終結果を3月31日までにまとめる

＊アジェンダアイテムや担当者など数項目のみを記載した、縦型フォーマットの場合もある。

いろいろな 「…だと思います」

丁寧に意見を述べる

意見を共有することは大切ですが、その伝え方も重要です。例えば、「…だと思います」を "I think ..." と言うと、少々弱い印象です。自信や確信度の度合い、主張の強弱に合わせて言い出しのフレーズを工夫してみてください。「…だと思います」にあたる英語は、以下のパターンを覚えておくと伝え方の幅を広げることができます。

▶ 確信の度合い

強 **I strongly believe that** this is the best plan.
…だと強く確信しています（この計画が一番よいと）。

I firmly believe that this is the best possible plan.
…だと確信しています（この計画が一番現実的だと）。

I feel confident that she will be a great fit for the role.
…だということに確信があります（彼女が適任だと）。

I'm convinced that plan A is the best one out of the three options.
…だと確信しています（プラン A が3つのオプションの中で最良だと）。

I believe that this is the best approach.
…だと思います（このアプローチが一番よいと）。

In my opinion, she is overqualified for this position.
私の意見では…（彼女にこのポジションは役不足だと）。

I feel that we need to think this through more carefully.
…だと感じています（この件についてより慎重に（じっくり）考えるべきだと）。

I suppose that we'll receive a formal announcement by email soon.
…ではないかと思います（近いうちに正式な告知がメールで届くと）。

It seems to me that their proposal is quite reasonable.
私には…のように思えます（彼らの提案はかなりリーズナブルだと）。

It's possible that our competitors will launch a similar campaign ahead of us.
弱 …という可能性があります（競合他社が似たキャンペーンをより早く開始する）。

意見の前に、自分の経験や知識の範囲に限った話だが、と前置きしたいときは、次のようなフレーズがあります。

Based on my experience, it's usually faster and more cost-effective to order from local suppliers.
私の経験から言いますと（通常、現地の業者から注文した方が早くて費用効果が高いです）。

To the best of my knowledge, Chris is the most knowledgeable about the system.
私が知る限りでは（クリスさんが一番このシステムに詳しいです）。

As far as I know, there are no other products with the exact same features.
私が知る限りでは（他に全く同じ特徴の商品はありません）。

As far as I'm concerned, that issue has already been resolved.
私の関知する限りでは（その問題はすでに解決済みです）。

遠慮を示すときは、次のような言い出しフレーズを使ってもよいでしょう。

I may be wrong, but there seems to be a mistake in that estimate.
間違っているかもしれませんが（その見積書には間違いがあるようです）。

Correct me if I'm wrong, but I believe we are required to run this by the department head first.
間違っていたら正していただきたいのですが（最初に部門長に確認をする必要があるかと思います）。

日本語では「…だと思う」と言うため、英語で話す際も同じ語順に従って "..., I think" を最後に足す方がいらっしゃいます（例えば、「XYZ する必要があると思います」のつもりの "It is necessary to do XYZ, I think."）。しかし、英語では文末に "I think" を付け足すと自信がない、あるいは優柔不断な印象を受ける場合があるので注意しましょう。

依頼の表現には、相手が引き受けるかどうか検討する余地を残した聞き方があります。「〜していただけますか？」というニュアンスの丁寧なリクエスト形式の表現を覚えておくと、依頼をするときに役立ちます。依頼に関しては Q8 もご参照ください。

▶ could と would を用いたリクエスト形式の依頼

> ［可能かどうかを聞く could］
>
> **Could you (please) ...?**
> …していただけますか？
>
> 「可能性」を聞いているため、相手に「断る」という余裕と選択肢を持たせることができる（やや断りやすい）。
>
> ［意思があるかどうかを聞く would］
>
> **Would you (please) ...?**
> …していただけますか？
>
> 「意思」があるかどうかを聞いているため、Could you ...? よりも相手に心理的負担が掛かる（やや断りにくい）。

Could you ...? と Would you ...? を比較すると、断りやすさを残した Could you ...? の方が配慮のある聞き方と言えるでしょう。ただし、Could you please ...? と Would you please ...? のように please を添えると、丁寧さのレベルは同じくらいになります。

何かが可能かどうかを聞く場合、以下のようなニュアンスの違いがあります。

丁寧度

Could you please ...?
…していただけますか？　＊丁寧な表現

Could you ...?
…していただけますか？　＊ can より丁寧

Can you ...?
…してもらえますか？　＊一方的に聞こえる表現

意思があるかどうかを聞く表現は、以下のニュアンスの違いがあります。

丁寧度

Would you please ...?
…していただけますか？　＊丁寧な表現

Would you ...?
…していただけますか？　＊will より丁寧

Will you ...?
…してもらえますか？

＊意思があるかどうかを聞いていて、やや一方的。聞き方によっては「…する気はあるの？」のように、相手が断りにくく感じるニュアンス。ただし、家族など親しい近い関係同士では、"Will you pass me the salt?"（塩を取ってもらえる？）などと聞くことがある。

▶ **丁寧な依頼表現のバリエーション**

Could I ask you to ...?
…をお願いできますでしょうか？

Could you possibly ... ?
…していただくことは可能でしょうか？

Could you spare me a few minutes to ...?
…のために、少しお時間いただけますか？

Would it be possible for you to ...?
…していただくことはできますでしょうか？
＊この場合は would が入る。やってもらえるかどうかの「可能性」を possible を使って聞いている

Could I ask a favor?
ちょっとお願いしてもよろしいでしょうか？

I would really appreciate it if you could ...
…していただけるととても助かります。

We would greatly appreciate it if you could ...
…していただけますと大変ありがたいです。

We would be grateful if you could ...
…していただけましたら幸いです（ありがたいです）。

▶ **Would you mind if...?**

"Would/Do you mind if...?" は、直訳は「…することについて気になります（お嫌

です）か？」で、依頼をしたり許可を求めたりするときによく使う丁寧なフレーズです。

この質問への答えには注意が必要です。"Yes, sure." と答えると、「はい、気になります（のでやらないでください）」「はい、嫌です」と答えていることになります。ただし、笑顔で "Sure!" などと答えれば、「『どうぞ』の意味なのだろう」と相手が理解してくれる可能性もあります（英語ネイティブの方も間違うことがあります）。「いいですよ」「どうぞ」と言いたい場合は、**"No, I don't mind."** と答えます。もし気になる、断りたいのであれば、クッション言葉を使って I'm sorry, but... と伝えます。返事の仕方に迷ったら、以下の表現で答えると明確です。

Please go ahead. ／ Please help yourself.

どうぞ／どうぞ、構いませんよ
＊相手が何かすることへの許可。

I'd be happy to [help].

喜んで［お手伝い］します。

I don't mind at all.

全然構いませんよ。

現場でよく使う
**フレーズの
基本！**

「分かりません」を乗り切る

82

▶ （この場では）分からない・答えられないと伝える

I'm afraid I don't know.

申し訳ないですが、分かりません。

I'm not too sure [about that].

（それについては）よく分かりません。
＊確信を持てないとき、はっきり言えないとき。

I don't have the complete answer to that right now.

今すぐには完全な回答が差し上げられません。

I'm afraid I don't have the answer to that at the moment.

申し訳ありませんが、今は回答できません。

質問に答えられないとき、"I don't know."（分かりません）の一言で終わらないようにします。次につながるように、「分かりません」の後に、but をつなげて「確認

176

をしてから追って回答します」など、フォローする言葉を添えます。

▶ ＋ 次につなげるフォローアップ、対応など

I'll get back to you on that.
それについてはまたご連絡いたします。

Let me check and get back to you (later).
確認して（後で）ご連絡します。

I'll look into it and get back to you.
それについては確認し、追って回答します。

I'll let you know as soon as I find out.
分かり次第お知らせいたします。

▶ 考える時間を稼ぎたいとき

"um ..." "well ..." "uh ..." などの filler words の代わりに次のような言葉を挟むと、相手が「考えているんだな」と分かり、安心して待ってくれます。

Let me see ... / Let me think ...
そうですね…／少し考えさせてください…

That's a good/great question.
よい質問ですね。

"That's a good/great question." は文字通りの意味もあるが、「鋭いご指摘ですね」というニュアンスを含むこともあり、**"That's a great question. Let me see ..."** などと言うと、相手は時間がほしいという意図を察します。

感謝を伝えるときの基本の型は "Thank you for ＋ 具体的に何に対して感謝をしているか" です。具体性を持たせると、形式的ではなく気持ちが伝わるメッセージになります。さらに、以下のようにバリエーションをストックしておけば、その都度カスタマイズして誠意のこもった感謝が伝えられます。

Thank you for your help with scheduling the meetings.
（ミーティングを設定するのにご協力いただき）ありがとうございます。

Thank you very much for making time to attend this meeting at such short notice.
（急なご連絡にもかかわらず、お時間をつくってこのミーティングにご出席いただき）誠にありがとうございます。

Naoko, **we greatly appreciate** all the time and effort that you've put into this event.
尚子さん、（このイベントのために多大なお時間と労力を費やしていただき）心から感謝しております。
＊ greatly を really に変えても OK。感謝の表現に名前を添えるとより気持ちが伝わる。

I can't thank you enough for all your support.
（いつもサポートしていただき）感謝してもしきれません。

Thank you. の短縮形 Thanks. は、カジュアルな場面では問題ないものの、特に上司や目上の人には短縮せず Thank you. と言った方が丁寧です。

▶ Thank you. に＋α の一言を添える

It means a lot to me.
とてもうれしいです。
＊直訳は「私にとってとても意味があります」だが、「心に響きます」「うれしいです」「価値のあることです」「大切です」という意味合いもある。

That's very kind of you.
ご親切にありがとうございます。

I'm really grateful to you.
本当に感謝しています。

I couldn't have done this without [all] your support.

あなた［皆さま］のサポートのおかげです。

It wouldn't have been such a success without your support.

皆さまのサポートなくしては、（イベント、プロジェクトなどが）ここまで成功しませんでした。

Thanks to your help, we were able to have a successful event.

皆さまのご協力のおかげで、イベントを成功させることができました。

We wouldn't have been able to finish the report without your help.

あなたのご協力なしには、レポートを完成することはできなかったでしょう。

▶ **感謝の言葉に対する返事**

「いえいえ」と謙遜せず、感謝を受け止める返事をするのがよいマナーですし、気持ちのいいコミュニケーションになります。

× I didn't do much.（たいしたことはやっていません）
＊「さらに感謝しなければ」などとかえって相手に気を遣わせてしまう可能性がある。

× I didn't do anything.（何もしていません）
＊少々冷たい印象。感謝の言葉を否定しているようにも受け取られる。

It's my pleasure.

どういたしまして。／喜んで。

I'm glad I could help.

お役に立ててうれしいです。

Not at all.

いえ、どういたしまして。

You're very welcome.

どういたしまして。

No problem.

いいですよ。大丈夫ですよ。
＊少々カジュアル。

謝る

謝罪は具体的に。言葉は状況や深刻度に合わせる。

日本語の「すみません」の感覚で "Sorry." と言うのは危険です。誠実性が下がり、不真面目に聞こえる恐れもあります。その一方で、軽めのミスで "I'm very sorry." と言うのは必要以上にかしこまっていて、逆に誠実さが伝わりにくくなります。深刻なケースで謝罪を伝える際は、具体的に誰に何を謝っているのか、そしてそこに至った理由、今後どうするかや解決策などを明確にします。

▶ 比較的軽い場合の謝罪

謝罪の言葉

I'm sorry that there was an error in my earlier email.
…について申し訳ありません（先ほどのメールに誤りがあり）。

I apologize for sending you some outdated information.
…についてお詫びいたします（古い情報をお送りしてしまったこと）。

▶ 比較的深刻な場合の謝罪

❶ 謝罪の言葉
❷ 理由・原因
❸ 繰り返さないための対策・対応を説明する
❹ 謝罪の言葉やプラスαの言葉で締めくくる

❶
I am deeply sorry for the delay in payment.
…を深くお詫び申し上げます（お支払いが遅れたこと）。
＊ I (sincerely) apologize for ... （…を心よりお詫び申し上げます）も同様に使える。

We'd like to express our sincere apologies for the unfortunate error and delay.
…につきまして深くお詫び申し上げます（不運なミスと遅延）。

I apologize for sending you the wrong information.
…をお詫びいたします（間違った情報をお送りしてしまったこと）。

I'm afraid we failed to confirm the details before sending the information to you.

申し訳ないことですが、（情報をお送りする前に詳細を確認しませんでした）。

We are currently investigating this issue.

現在この件について調査をしております。＊原因が不明の場合

I'll send you the correct information shortly.

正しい情報を早急にお送りいたします。

Please be assured that we have made every effort to resolve this issue.

この件の解決にあらゆる対策を講じましたのでご安心ください。

We will make every effort to prevent this from happening again.

このようなことが再度起きないように全力を尽くします。

I'm sorry for the inconvenience this has caused.

今回のことでご迷惑をお掛けして申し訳ございません。

Please do not hesitate to contact us if you have any questions or concerns.

ご質問や気になる点などございましたら、ご遠慮なくご連絡ください。

Thank you for your patience.

お待ちいただきありがとうございます。／ご辛抱のほどよろしくお願い申し上げます。

We greatly appreciate your understanding.

ご理解いただき誠に感謝申し上げます。

▶ **謝罪を受けたら**

I understand. Please don't worry about it.

分かりました。そのことはお気になさらないでください。

That's all right. Please don't give it another thought.

大丈夫ですよ。もう気にしないでください。

断る

婉曲的に「できません」と伝える日本語の「難しいです」を直訳しても、気遣いと真意（＝お断り）が伝わらない可能性があるということはQ15でお話ししました。一方で、"No." "We can't." と言っては冷たい印象ですし、建設的とも言えません。何かを断りたいときは、I'm afraid ... や Unfortunately, などのクッション言葉を使って、可否を明確にしつつ、気遣いのある表現で伝えましょう。

I'm afraid we are unable to do that because it goes beyond our scope of services.

恐れ入りますが、（提供するサービスの範囲外である）ため、できかねます。

I'm afraid that won't be possible with the timeline that you proposed.

恐れ入りますが、（ご提示のスケジュール）では不可能です。

I regret that we can't do that.

それができないことを残念に思います。

Unfortunately, I am not able to attend the party because of prior commitments.

残念ながら、（先約が入っており、パーティーに参加）できません。

＊ can't や won't を not be able to（be unable to）と言い換えると、少々ネガティブなニュアンスが軽減される。
＊ commitment は約束やしなければいけないこと、責任などを意味し、ビジネス向きのニュアンス（promise は
　このような場面では使わない）。

I'd like/ love to join, but I'm afraid I have another appointment.

（とても）参加したいのですが、残念ながら他の用事があります。

また、依頼に応えられないと伝えた後に、可能であれば以下のように代替案を示したり、次につながる言葉を添えるとさらによいでしょう。

However, I'd be happy to refer you to someone else who might be able to help.

ですが、喜んで他にお力になれそうな方をご紹介します。

Would next Thursday at 11:00 work for you?

次の木曜日の午前11時のご都合はいかがですか？

I'd be happy to join another time.

次回喜んで参加したいです。

＊ランチなどの場合。

おわりに

本書をお読みいただいた皆さま、ありがとうございます。
皆さまの「英語で仕事をする」というキャリアでの new chapter を応援する本となれましたら幸いです。そして、ご自身の現場での経験にさらに自信が付き、グローバルな舞台で大いに活躍されることを祈っております。(いつか皆さまも「先輩」として、これから新しい chapter へ出発される方々にお話しできる日がくるかもしれませんね！)

本書の出版の機会をくださり、最後まで全力で伴走してくださった編集者の峯山さんに心から感謝申し上げます。読者の皆さまを少しでも救える本にするためにさまざまな工夫や調整をしていただいたおかげで、このような本を作ることができました。また、「先輩社員」の皆さまへのアンケートのおかげで、日本のビジネスパーソンの悩みや成功・失敗談を知ることができ、この本を通して「現場の生の声」を届けることができました。本当にありがとうございます。

アンケートにご協力いただいた皆さま、ご丁寧な回答とお時間をいただき本当にありがとうございます。皆さまの実体験や「先輩の声」が、読者の方々にとってヒントと励みになると深く信じています。また、私自身経験することのできない体験やエピソードから多くを学びました。惜しみなくご経験をシェアしてくださり、心より感謝しております。

また、制作および出版に関わってくださった株式会社アルクの皆さま、現場で聞くような声をナレーションしてくださった Howard Colefield 様、Karen Haedrich 様、音源をご制作いただいたメディアスタイリスト様、校正をしてくださった挙市玲子様、素敵なデザインをご担当いただいた坂本弓華様 のおかげで、この本が形となりました。心より感謝申し上げます。そして、本を並べてくださる書店の皆さまのおかげで、英語でお仕事をすることになって悩まれる方々にこの本を届けることができました。どうもありがとうございます。

最後に、この本の監修を担当してくださり、私の「先輩」以上の「師匠」としていつも多大な学びとサポートをくださる父を尊敬するとともに、深く感謝しています。
I can't thank you enough for all your support.

マヤ・バーダマン

著者　　マヤ・バーダマン／ Maya Vardaman
仙台市生まれ。上智大学比較文化学部（現 国際教養学部）卒業。ハワイ大学へ留学し、帰国後は秘書業を経て、ゴールドマン・サックスに勤務。医学英語に携わったのち、別の外資系企業に勤務。著書に『英語のお手本 そのままマネしたい「敬語」集』『英語の気配りマネしたい「マナー」と「話し方」』（朝日新聞出版）『英語の決定版 電話からメール、プレゼンから敬語まで』（共著、朝日新聞出版）『品格のある英語は武器になる』（宝島社）『外資系1年目のための英語の教科書』（KADOKAWA）などがある。

監修者　ジェームス・M・バーダマン／ James M. Vardaman
1947年、アメリカ・テネシー州生まれ。プリンストン神学校、修士、ハワイ大学アジア研究専攻、修士。早稲田大学名誉教授。著書に『シンプルな英語で話す日本史』『シンプルな英語で話すアメリカ史』（ジャパンタイムズ出版）、『地図で読むアメリカ』（朝日新聞出版）、『アメリカの小学生が学ぶ歴史教科書』（ジャパンブック）、『アメリカ南部』（講談社現代新書）、『アメリカ黒人の歴史』（NHK出版）、『黒人差別とアメリカ公民運動』（集英社新書）、『毎日の英文法』『毎日の英単語』（朝日新聞出版）、『英語の処方箋』（ちくま新書）などがある。

https://www.jmvardaman.com

英語で仕事をすることになったら読む本

発行日	2021年1月25日（初版） 2024年1月17日（第5刷）
著者	マヤ・バーダマン
監修	ジェームス・M・バーダマン
編集	株式会社アルク 出版編集部
DTP	朝日メディアインターナショナル株式会社
校正	挙市玲子、Margaret Stalker
デザイン	坂本弓華（株式会社dig）
帯写真	泉山美代子
ナレーション	Howard Colefield、Karen Haedrich
録音・音声編集	株式会社メディアスタイリスト
印刷・製本	シナノ印刷株式会社
発行者	天野智之
発行所	株式会社アルク 〒102-0073 東京都千代田区九段北4-2-6 市ヶ谷ビル Website：https://www.alc.co.jp/

地球人ネットワークを創る

アルクのシンボル
「地球人マーク」です。